Jacqueline Aubry

TAUREAU
ET VOTRE
ASCENDANT

AVIS À MES LECTEURS ET LECTRICES

L'astrologie est un outil dont il faut se servir pour corriger certaines tendances innées qui, parfois, nous empêchent de vivre sainement, heureusement, en tout confort. Son but n'est pas de juger, mais de réformer, et aucun astrologue au monde ne peut faire de miracles. L'astrologue vous enseigne, essaie de vous faire prendre conscience de vos prédispositions, vous indique vos points faibles et vos points forts. Une carte du ciel est comme un signal.

Dans ce livre, je décris longuement le signe du Taureau et ses ascendants. J'ai essayé d'y apporter le plus de détails possible, détails qui pourront tantôt vous choquer, tantôt vous faire plaisir. J'ai voulu faire preuve de la plus grande équité dans mes descriptions. Il se peut que telle maison dans tel signe ne vous convienne pas du tout. Il est aussi possible qu'en établissant votre carte natale, selon des calculs précis, vous ayez deux pointes de maisons dans le même signe, ce qui fait varier l'interprétation: l'aspect en est alors soit adouci, soit plus néfaste que décrit! Naturellement, je n'ai pu inscrire les planètes de chacun dans ces maisons: travail impossible que, même au bout d'une vie, je n'aurais pas encore terminé. Vous aurez, en revanche, une meilleure idée de ce que vous êtes profondément, de ce vers quoi vous tendez. Vous pourrez y lire ce que vous ne dites à personne, ou le faire lire en disant: je t'avais dit que j'étais comme ça! Vous pouvez garder votre secret ou le divulguer, vous êtes votre seul juge.

L'objectif est de vous faire découvrir, vous, davantage. J'ai parfois le verbe taquin, dit-on. Mais j'essaie de vous faire la morale avec humour, il paraît que ça passe mieux! Ce livre m'a demandé

TAUREAU

plus d'heures de réflexion que vous ne pouvez l'imaginer, et tout autant de nuits blanches. Je l'ai écrit avec amour pour vous tous. Et soyez assurés que je ne favorise pas un signe plus qu'un autre. Je n'aime pas un signe plus ou moins qu'un autre. Il n'y a pas non plus de signe meilleur que les autres. Il y a quelque chose de magique en chacun.

Je ne me suis pas attardée à la description du signe seul. Si vous désirez sa description d'une manière plus spécifique, reprenez mon ouvrage sur l'horoscope. Ici j'ai fouillé le signe et l'ascendant et j'y ai fait ressortir leurs différentes caractéristiques et leurs impulsions, pour mieux vous servir individuellement.

À la fin du livre vous trouverez la table qui vous permettra de faire le calcul de votre ascendant selon votre heure de naissance.

Je vous souhaite du plaisir à me lire et soyez assurés que chaque ligne a été écrite avec tout mon coeur, mon âme et mon esprit.

Jacqueline Aubry

TAUREAU

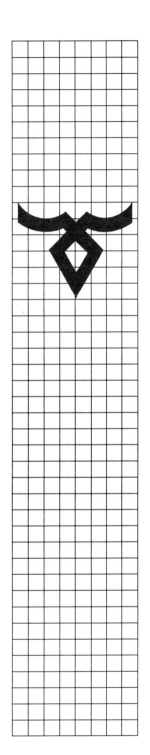

À *Violette Daneau, presque 20 ans d'amitié. Elle crée les climats, les décors, son nom est sur tous les génériques des films d'André Melançon et de bien d'autres. J'ai assisté à cette montée depuis si longtemps, je l'admire. Les étrangers la sollicitent, même les Américains. Son talent est recherché. Elle se passionne pour la création. Elle est l'exemple de la ténacité, d'une consécration à l'art. Son humilité m'étonnera toujours. Sa fidèle amitié est un trésor plus grand que toutes les richesses du monde.*

TAUREAU, signe féminin.
Il est le deuxième signe du zodiaque.
Il est la deuxième maison.
Il dit J'AI.
Il est un signe de terre.
Il est un signe fixe.
Il est le printemps accompli.
Sa planète est Vénus.
Sa force est dans le cou,
la gorge, la voix.
Sa faiblesse y est aussi.

TAUREAU

Voici que, sous ce signe, vont se matérialiser les pulsions créatrices. Il lui faut toucher, tenir dans ses mains, posséder. Ce signe est attachant parce qu'il est d'une sensibilité touchante.

Il s'intéresse à vous, vous devez vous intéresser à lui. Tout est dans l'échange. Si vous lui donnez quelque chose, il s'empressera de vous donner aussi quelque chose. Il prend, mais il sait aussi donner.

Ils sont nombreux dans ma vie, ces Taureaux. Ils sont le calme que je n'ai pas toujours. Je file sans cesse à cent à l'heure, j'ai toujours quelque chose à faire, et quand je suis en compagnie d'un Taureau je m'arrête près de son printemps et j'apprécie son calme, sa lenteur, mais pas toujours ses retards! (Cette dernière est pour ma bonne amie Violette Daneau.)

Quand le natif de ce signe vous accorde son amitié c'est pour longtemps, et peut-être bien pour toujours si vous voulez garder le contact avec lui. Il a ce côté naïf, bon enfant, qui me plaît. Il essaie d'être calculateur, pour se mettre au pas de ce siècle, mais il préfère encore humer une fleur!

Je n'ai pas besoin de vous faire remarquer que je tiens beaucoup à l'amitié de Violette Daneau, c'est une fille formidable, d'une extraordinaire générosité. Il fut un temps de ma vie où j'eus de nombreuses et contraignantes difficultés financières. Violette m'a aidée sans même demander un remboursement, elle ne le voulait pas. Elle avait calculé qu'elle me devait bien ça. J'ai remboursé ma dette autrement en révisant régulièrement son thème natal. Tout au fond de ça, il n'y a aucun calcul possible. Nous sommes mutuellement des soutiens.

Il y a Denise Rivard, treize ans d'amitié. Elle n'a jamais cessé de m'encourager et de prier pour moi. Je suis certaine qu'elle est en contact direct avec Dieu, elle est si pure, démunie d'agressivité, de violence. Chez elle, il n'y a ni envie ni jalousie, aucune corruption ne peut l'atteindre. Je l'aime profondément, pour toutes ses délicatesses. Tout au long de l'écriture de ce livre, de temps à autre elle faisait un petit saut chez moi, elle m'apportait des fleurs, un livre, sa présence, ses bons mots et sa foi dans le succès de cette recherche. Puis elle disparaissait, laissant derrière elle une nouvelle énergie, comme un parfum qui vous inspire délicatement. De son côté elle dit que je suis sa marraine et que j'ai participé à son baptême du bonheur!

Il y a mon jeune frère, Normand Aubry. J'ose à peine vous dire, encore une fois comme à chacun de mes livres, à quel point il est adorable! Je tiens à lui comme à la prunelle de mes yeux. Il est le père substitut de mes enfants chéris, le vrai père étant parti en voyage pour l'au-delà depuis déjà huit ans. Il aime profondément mes enfants comme s'ils étaient à lui. J'apprécie grandement toutes les attentions qu'il a pour eux. Il ne m'a jamais découragée de quoi que ce soit, il a toujours compris, même quand personne ne comprenait, où j'allais, il savait instinctivement et ce depuis notre jeune âge. En tant que Taureau il est très attaché à la famille, la mienne, la nôtre.

Il y a Lyne Parisien, attentive à mes besoins chaque fois que nous nous voyons. Nous nous lançons dans des discussions sur le monde invisible, je lui apprends des choses, elle me le rend en sincère amitié que je perçois au-delà de tous les mots. Amitié fidèle. Je sais qu'elle se fait mon défenseur quand on attaque l'astrologue ou l'astrologie. Sa présence est rassurante comme pour les autres Taureaux. Quand un Taureau vous accorde sa confiance, c'est vrai, c'est profond, et ça va durer. (J'ai horreur des choses qui finissent.)

Il y en a bien d'autres, et chez eux l'amour est d'une importance capitale. Ils aiment leur foyer, leurs enfants, ils pourvoient à leur bien-être. Ils ne mesurent, ni ne calculent quand ils aiment, et ce qu'il y a de plus extraordinaire, si vous pouvez entretenir le jardin fleuri d'un Taureau, ses fleurs sont une immortelle amitié.

Aucun signe n'est ordinaire, aucun signe n'est plus important qu'un autre, ils sont tous utiles, nécessaires au bon équilibre de cette humanité.

Ginette Reno est Taureau. Comme vous le savez, Ginette est une «star» et elle a conservé cette simplicité qui fait qu'elle est si près de son public. Le Taureau est un signe de Vénus et,

TAUREAU

connaissant Ginette, je sais que lorsqu'elle chante elle le fait avec amour, donnant tout d'elle-même, parfois jusqu'à l'épuisement. Qu'importe pour elle, l'essentiel c'est d'aimer et d'être aimée et elle le fait à travers la chanson. Taureau signe fixe: Ginette est là, fidèle à son poste depuis longtemps, fidèle à ses chansons d'amour pleines d'espoir. En tant que signe fixe, elle n'est pas près de disparaître! Elle n'est pas une femme à une seule dimension, tout l'attire. Profondément croyante, là-dessus nous nous entendons très bien, comme tout le monde elle a fait sa remise en question, se demandant si c'était vraiment utile de chanter, puis elle a conclu que chanter c'est donner, se donner, s'oublier pour ceux qui écoutent et éveiller en eux la foi, l'espoir d'un grand bonheur. Le Taureau est une sorte d'initiateur. Le Bélier disait: on peut faire ceci et cela. Le Taureau dit: on le fait, point! Le Taureau symbolise une stimulation, non seulement sur le plan de l'agitation mentale mais aussi sur celui de l'action. Agis. Possède ta «matière». Ginette a un magnétisme rayonnant parce qu'elle est sincèrement elle-même, elle ne joue à rien, elle est. Et elle est, tout en faisant partie du tout universel. Elle s'est résolue à n'appartenir qu'à elle-même. Je connais plusieurs Taureaux qui ont fait cette démarche, c'est un grand déchirement pour eux, en tant que signe fixe et signe de terre. Ce signe porte le natif à se replier sur lui-même et le pousse en même temps à dépasser son égocentrisme, signe d'amour, à aimer les autres plus que soi-même, et je crois bien que Ginette y est arrivée, à travers ses enfants, à travers sa carrière également.

Chaque fois que je rencontre un Taureau, nul doute que mon ascendant Taureau y joue un grand rôle, j'ai l'impression de faire un avec lui, de le comprendre, je puis me mettre à sa place. Aussi je choisis bien mes amis Taureau. Quand on se met à la place de quelqu'un, il vaut mieux en ressentir le printemps qu'il porte et les espoirs de la floraison.

Le Taureau est une personne tenace. Il lui arrive cependant de vivre lui aussi «des creux de vagues», d'être las, de sentir sa participation à l'univers comme trop mince. Il voudrait faire plus, et son sens de la continuité lui permet de se reprendre. Ses moments de réflexion, où il fait le point, lui donnent chaque fois un nouvel élan vers le but. Vous ne pourrez jamais bousculer un Taureau: signe fixe, il choisit son temps pour agir. Il peut subir des influences, mais elles n'ont que peu d'emprise sur lui; d'instinct, il connaît la route à suivre. Disons qu'il fait des arrêts dans certains pâturages! Quand il est jeune, il peut s'imaginer que c'est plus vert à côté, mais plus il grandit, plus il prend conscience qu'il est le maître de sa destinée. Il a cette patiente confiance que tout vient à point; entre temps, il sait fournir un effort pour se rendre au but.

Gaston L'Heureux, Taureau, et moi avons eu instantanément une excellente communication. Gaston est une personne attentive, pondérée, qui sait mesurer le poids de ses paroles. Comme signe fixe, il voit à long terme et n'est pas près de disparaître de notre écran. Quand il est dans votre salon, il vous rassure, sa présence vibratoire passe l'écran, il est là pour vous, c'est une nature affectueuse et vous n'êtes pas sans vous en rendre compte. Les producteurs non plus, puisqu'on réclame sans cesse sa présence ici et là pour différentes émissions. Il aime son métier, il aime les gens, il aime que les gens l'aiment. Vous n'avez qu'à le lui demander! Il est accessible parce qu'il est simple. Il ne se sent pas différent parce qu'il fait un métier de télévision, il fait ce métier, voilà tout! Il me fait d'ailleurs bien rire quand il dit qu'il est égocentrique... nous le sommes tous à des niveaux inégaux. Je lui réponds tout simplement qu'un Taureau qui n'aimerait pas se faire aimer n'est pas tout à fait normal!

Quand un Taureau s'installe quelque part, dans un métier par exemple, il s'y conforme entièrement et tente continuellement de se dépasser pour plaire, pour être agréable, pour avoir le plaisir d'aimer et d'être aimé dans son environnement.

On dit que les Taureaux aiment l'argent, c'est tout à fait vrai. Ils l'aiment parce que l'argent assure la sécurité, le confort et, en tant que signe de Vénus, l'argent permet de s'offrir des luxes, des caprices.

Il y a un autre Taureau que j'aime beaucoup, on ne parle pas de lui, il n'y tient pas non plus. C'est le mari de Marguerite Blais, Jean-Guy Faucher. J'ai pu, à plusieurs occasions, voir les yeux qu'il jette sur Marguerite: ils sont remplis à la fois d'amour et d'admiration pour elle, sans aucun calcul, sans désirer être aussi populaire que sa femme, point de compétition. Il l'encourage sans cesse et facilite du mieux qu'il peut son ascension dans la carrière qu'elle a choisie. Jean-Guy est le reflet parfait du calme Taureau, il a cette certitude que tout va pour le mieux, qu'il s'agisse de sa vie ou de celle de Marguerite. Nous avons mangé ensemble à quelques reprises. Né sous un signe vénusien, d'amour, quand il parle de Marguerite ses yeux s'illuminent. Il est un mari attentif, et si vous le connaissiez, chères lectrices, vous auriez envie qu'il soit le vôtre. Un Taureau, de par sa présence, offre la stabilité, la durée, la certitude. Jean-Guy Faucher est le parfait «spécimen» taurin. La précipitation ne l'intéresse pas, il croit à l'effort, à la ténacité, et comme il est un signe de printemps il transmet sans cesse à Marguerite Blais, Vierge, signe de fin d'été, que le printemps n'est pas loin et que tout est en voie de renaissance. Jean-Guy a toujours un mot gentil, un mot d'encouragement. Au risque de me répéter, il possède un calme rassurant.

Je connais aussi de nombreux artistes Taureaux. Ils possèdent tous une chose en commun: quand ils quittent la scène, ils sont encore charmants. Le goût d'être aimés est toujours là, ils restent agréables au public dans les coulisses, sur la rue. Leur statut de vedettes ne leur «enfle» pas la tête. Ils demeurent simples et accessibles. Ils ne boudent jamais ceux qui les aiment; bien au contraire, ils savent apprécier qu'on les estime.

Je connais des Taureaux qui, malheureusement, s'éloignent de Vénus, l'amour... Ça existe aussi! Le Taureau étant également un symbole d'argent, il m'est arrivé de rencontrer des natifs de ce signe qui font fi de leurs propres émotions, de leurs intérêts profonds pour les gens à moins qu'il y ait des dollars au bout! Ils ne travaillent pas pour un idéal, qui finit toujours par rapporter de toute façon, mais bel et bien pour la matière. Le Taureau étant un signe de terre, plusieurs sont tentés de ne vivre qu'en fonction d'un compte en banque bien garni. Ces derniers sont rarement heureux quand ils concentrent leur énergie uniquement sur l'argent. Un capital est bien commode, mais quand il n'y a que ça à aimer, à chérir, il y a un manque dans la communication avec autrui. Alors que le Taureau a profondément besoin de cette communication pour s'épanouir.

Ses relations avec les autres signes

UN TAUREAU ET UN BÉLIER

Voilà la rencontre de deux paires de cornes qui ont besoin de s'ajuster; le Bélier va vite, le Taureau n'est pas pressé! Le Bélier passe d'une idée à l'autre et le Taureau a les idées fixes. Rien n'est impossible, le Taureau prendra de la vitesse, le Bélier se calmera et appréciera la stabilité du Taureau. Le Bélier se sentira rassuré. Le Taureau finira par comprendre que les champs d'action ne sont pas limités et qu'il y a toujours de la place pour une nouvelle conquête. Le Bélier trouvera parfois ennuyeuses les répétitions de gestes et les habitudes du Taureau, il a besoin d'excitation. Un Taureau amoureux est bien capable quand il l'aura décidé, naturellement, de se mettre à bouger si vite qu'il épatera le Bélier. Le Bélier, signe de feu, est de la dynamite express et le Taureau, un signe de terre, est solide et vous pouvez compter sur lui à partir du moment où il sait que vous l'aimez.

UN TAUREAU ET UN AUTRE TAUREAU

Deux paires de cornes, deux signes fixes, deux signes de terre, deux personnes pratiques, prudentes, qui prennent des habitudes et qui n'aiment pas en changer. Cela peut faire une belle paire comme ce peut être tout à fait trop calme... Ils pourront amasser de l'argent et même des richesses, se mettre à l'abri, se faire confiance dans leur gestion, bâtir sur du solide, le danger est de s'enliser sous l'effet de deux signes de terre. La terre non fertilisée se dessèche, durcit et n'a plus rien de productif.

Les habitudes finissent toujours par miner l'amour qui, de temps à autre, a besoin d'improvisation pour «pétiller» de nouveau. Je connais plusieurs couples de ce signe qui comptent vingt ans, quinze ans d'union. Ils sont d'agréable compagnie, seulement vous pouvez sentir qu'ils se sont repliés l'un sur l'autre, il n'y a pas de place pour l'imprévu ni pour la fantaisie. Leur vie est organisée, planifiée, sécuritaire. Et ils vous font comprendre subtilement que vous ne devez pas les déranger, du moins pas longtemps.

Ils se protègent tellement qu'ils en viennent à exclure le monde extérieur de leur vie. Ils se comprennent sans se parler. Et c'est le plus grand danger qui menace une paire de Taureaux, ils se donnent l'un à l'autre dans un parfait échange et à personne d'autre... il y manque la diversification de la communication. Toute menace à leur jumelage est repoussée. Au bout du compte, ça ne remplit pas une vie, sauf le compte en banque, et si un couple conserve l'habitude de ne rien partager avec autrui, un jour les deux seront isolés et ils se demanderont pourquoi ils sont aussi seuls.

Ces deux vibrations tendent fortement à ne vivre que pour se protéger l'un l'autre en excluant le reste de l'univers.

TAUREAU ET LES AUTRES SIGNES

Je dois vous avouer que les constatations que j'ai faites là-dessus, sur ces couples taurins, donnent la vision de deux prisonniers: les portes sont ouvertes, ils pourraient vivre plus largement, mais la peur de changer de rythme de vie les effraie considérablement et vous vous rendez compte qu'ils n'ont pas beaucoup à vous apprendre. Les couples taurins qui fonctionnent bien sont ceux dont la différence d'âge des conjoints se situe entre sept et dix ans. Les planètes qui ont bougé dans le ciel leur font voir la vie sous des angles différents et ils peuvent alors apprendre beaucoup l'un de l'autre. Ce n'est pas une évolution facile que de vivre avec son propre signe: chacun est le miroir de l'autre, qualités et défauts inclus. Ils peuvent ajouter à ce qu'ils sont, mais parfois en rester là aussi. Le Taureau essaie la plupart du temps d'éviter le changement.

UN TAUREAU ET UN GÉMEAUX

Un signe de terre et un signe d'air qui s'attirent immanquablement. Le Taureau est fasciné par la mobilité du Gémeaux et le Gémeaux est rassuré par la stabilité du Taureau mais... ils trouvent difficilement un véritable terrain d'entente. Le Taureau vit d'émotions, de sensations, il flaire, ressent, pressent, s'étend sur les choses, prend le temps de les analyser, ou de les comptabiliser, selon le point de vue où on se place. Le Gémeaux raisonne. Il fuit souvent ses émotions ou s'aperçoit à peine qu'il est sous l'emprise d'une émotion. Il veut démontrer à tout prix son intelligence et les capacités de cette même intelligence. Il ne veut pas s'identifier à un animal, il s'élève au-dessus de ça!

Il ne leur sera pas difficile de s'aimer, mais peut-être pas pour très longtemps parce que les différences apparaîtront clairement peu de temps après la fréquentation. Le Taureau sait sans hésitation ce qu'il veut, le Gémeaux ne le sait pas rapidement, son esprit veut aller dans toutes les directions à la fois... Bien que le Taureau soit patient, il peut fort bien faire exception en face du Gémeaux et s'emporter contre ses inconstances ou ses contradictions. Le Gémeaux fait une promesse et le Taureau est certain qu'elle sera remplie...

Déception! Le Gémeaux, entre temps, a eu autre chose à faire! Quand un Taureau s'emporte, il vaut mieux s'éloigner, c'est alors un véritable tremblement de terre, et l'oiseau-Gémeaux ne saura plus sur quelle branche se percher, toutes seront violemment secouées! Il est souvent préférable qu'ils s'en tiennent à l'amitié plutôt qu'à l'amour. Le Gémeaux ne se passionne pas vraiment pour les gens, mais plutôt pour les idées des gens. Le Taureau se passionne pour une présence, un corps, un amant ou une maîtresse, et pas seulement à l'idée de l'amour. Il lui faut toucher.

UN TAUREAU ET UN CANCER

Ils peuvent faire un beau couple, comme on dit. Le Cancer étant un signe d'eau et le Taureau un signe de terre, l'eau vient fertiliser la terre. Quand il y a beaucoup d'eau et pas assez de terre, l'un dans l'autre ça fait de la boue aussi! Quand il y a de la terre et pas suffisamment d'eau, ça ne pousse qu'à demi! Le Cancer est un imaginatif sensible qui croit souvent que le seul fait de penser à ses rêves va les voir se réaliser. Le Taureau, pour sa part, est plus réaliste, il sait qu'il lui faut agir pour que les rêves se réalisent. Le Cancer espère au fond de lui-même que le Taureau aura deviné ses besoins; le Taureau, réaliste, espère que le Cancer va bientôt arrêter de rêver et passer à l'action!

Le Cancer est un signe cardinal, il donne des ordres sans même s'en rendre compte. Le Taureau est un signe fixe, il n'en prend pas! Petits accrochages possibles entre ces deux signes. Rien n'est parfait, mais ils peuvent réussir à faire une belle paire d'amoureux. Il faudra qu'ils consentent tous les deux à faire leur part. Le Taureau devra essayer de se mettre un peu à la place du Cancer et de deviner ses désirs; en retour, il obtiendra une affection illimitée. Le Cancer doit éviter de commander le Taureau et de croire que c'est ce dernier qui doit réaliser ses rêves, ne pas imaginer qu'il a deviné.

Il est d'ailleurs beaucoup trop occupé à ses réalisations. Ils ont généralement de bons rapports quand les deux ajustent leurs besoins chacun leur tour. Quand ils s'amourachent, leur union peut durer longtemps même si, à tout hasard, elle se détériorait. Pince de crabe est agrippée à la terre et à la fixité du Taureau. Et ce dont le Taureau a le plus peur, c'est du changement, au cas où ce serait pire ailleurs, au cas où il y perdrait. Le Taureau peut être silencieux et le Cancer a du mal à exprimer ses émotions, il en a tellement. Il faudra qu'ils s'en parlent s'ils veulent que leur union traverse le temps!

UN TAUREAU ET UN LION

Vous avez là deux spécimens extrêmement butés! Ils ont tous les deux raison, ils sont tous les deux fiers, ils ne prennent pas d'ordres et très peu de conseils, s'il vous plaît. Pour eux, tout est absolu, décidé. Il faudra beaucoup de sagesse de part et d'autre pour qu'ils puissent vivre heureux ensemble. Ils connaîtront plusieurs crises dans leur union et se demanderont fréquemment s'ils sont faits pour vivre ensemble. Ils en sont capables, rien n'est impossible. Si l'union ne peut durer, c'est qu'en tant que signes fixes, ils ne démordent pas ni l'un ni l'autre, et ils ont du mal à s'avouer, autant l'un que l'autre, qu'ils ont pu se tromper. Mais le temps jouant, les faisant réfléchir, les gardant ensemble, voilà qu'ils emboîtent le pas du côté de la sagesse, qu'ils se connaissent mieux, qualités et défauts inclus, et qu'ils en arrivent peut-être bien à admirer leur ténacité réciproque, leur sens de la continuité, leur passion, bien qu'ils s'écorchent de temps à autre parce que l'un et l'autre en réclament autant.

Quand le mot compromis fait partie de leur langage, l'entente est alors possible. Quand chacun accepte que la vision des choses, que leur point de vue soient différents, ça peut aller. Il leur arrive très souvent, plus qu'à d'autres associations, de se heurter, tout simplement parce que chacun a ses idées «fixes», que chacun a raison... et que ni l'un ni l'autre n'a tort! Surtout, n'allez jamais dire à un Lion que c'est de sa faute, il ne le supporte pas et, cher Lion, ne bousculez jamais un Taureau: il avance lentement et sûrement. Il ne peut prendre des décisions aussi rapidement que vous, ça ne relève pas de sa nature! Le Taureau est le signe du printemps et le Lion, le signe de l'été, ensemble ce peut être toujours la belle saison.

Si le Taureau accepte le narcissisme de notre Lion et si le Lion accepte les incertitudes du Taureau, si le Lion ne brûle pas la terre de ses rayons, les éléments de la terre germeront et fleuriront. Le Lion maintient son titre de chef supérieur! Le Taureau n'aura de l'admiration pour le Lion que si celui-ci est un véritable chef, non pas une apparence ou un éclair. Le Lion, pour garder le Taureau, devra, en retour, lui accorder des temps exclusifs pour lui refaire la cour, pour lui faire de nouvelles promesses quand les anciennes auront été accomplies. Quand la vibration du Soleil du Lion s'harmonisera avec celle de Vénus du Taureau, qu'il n'y aura plus entre les deux ce désir de se dépasser l'un l'autre et de vouloir être plus important l'un que l'autre, ils feront bon ménage.

UN TAUREAU ET UNE VIERGE

Voici un couple bien calme, deux signes de terre qui veulent la tranquillité, la paix, la sécurité. Leurs vibrations s'unissent et apportent effectivement le confort matériel. Ensemble, ils défendent mieux leurs intérêts. Ils n'ont pas peur de l'effort, ni l'un ni l'autre, pour se procurer ce dont ils ont besoin et ce qui leur fait envie. Mais... deux signes de terre... Pas d'eau... il y a risque de sécheresse. Pas d'air... on ne sait jamais quoi inventer pour se distraire au juste. Pas de feu... où est la passion qui anime les sentiments? Ils peuvent vivre ensemble longtemps, mais peuvent s'ennuyer si l'un et l'autre s'attendent pour se distraire, s'aiguiser.

L'attachement se fait immanquablement, mais l'union peut devenir monotone, ils prennent des habitudes jusqu'au jour où ils se rendent compte qu'ils possèdent, mais ne font rien de plus que de contempler leurs biens! Ces deux signes de terre sont bien timides quand il est question de partager leurs sentiments, de se dire ce qu'ils pensent d'eux, de l'un et de l'autre. Ils sont aussi très sensibles et évitent de froisser cette sensibilité tout aussi aiguë chez l'un que chez l'autre.

La Vierge entamera la conversation. Si le Taureau se sent trop pris, il peut se taire. La Vierge s'en irritera. Étant un signe double, ayant plus d'audace que le Taureau, elle se trouvera une porte de sortie et le Taureau pourrait bien rester seul. Face à la vibration de la Vierge, il n'ose pas se plaindre.

La Vierge, le plus souvent une personne intelligente, peut très bien expliquer par la raison le comportement du Taureau et, à certains moments se montrer froide pour l'impressionner. Si les deux vivent assez longtemps ensemble, après avoir traversé quelques orages ils auront du mal à se séparer. Le Taureau est attachant, il est patient, il aime aussi les fantaisies et l'audace de la Vierge. Il les admire. La Vierge, bien qu'elle soit plus mobile que le Taureau, finit par admettre que cette stabilité et cette sécurité lui conviennent bien, et qu'elle ne pourra être mieux ailleurs et ainsi... la vie continue. Qui n'a pas de réajustements à faire dans sa vie de couple? Ces mêmes ajustements font partie de son évolution. Pour qu'ils puissent être vraiment heureux, pour qu'ils évitent de s'enliser dans la routine, ils doivent faire un effort, chacun à son tour, pour inventer un nouvel amusement, un nouveau loisir, un nouveau plaisir.

À tour de rôle, ils devront inventer la passion et se refaire des promesses. Et surtout, ils se communiqueront leurs sentiments pour éviter qu'ils ne s'enfoncent sous leurs deux signes de terre, comme on enterrerait l'amour parce qu'il est mort. Cette vie entre Taureau et Vierge peut être une véritable bénédiction. Il suffit d'un tout petit effort de la part de chacun.

 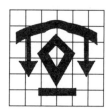

UN TAUREAU ET UNE BALANCE

Tous les deux sont des signes vénusiens. Le Taureau est un instinctif et la Balance, un être où le coeur et la raison sont intimement liés. Ils se rencontrent fréquemment. Ils aiment l'amour tous les deux. Pour le Taureau c'est une nourriture quotidienne, pour la Balance c'est le moyen de connaître quelqu'un jusqu'au bout! Le Taureau est un signe fixe qui ne reçoit pas d'ordres; la Balance, un signe cardinal qui en donne. Le premier est un signe de terre, la seconde est un signe d'air. L'air s'agite et rafraîchit la terre. L'air se fait violent et voilà le typhon qui dévaste la terre. La terre ne peut rien contre l'air, elle n'a pas d'arme, elle ne peut s'élever et arrêter le mouvement. L'air, lui, peut toujours quitter et aller au-dessus d'une autre terre.

La plupart du temps le Taureau sera plus amoureux de la Balance que celle-ci ne le sera de lui. Il aura du mal à l'exprimer et la Balance aura du mal à deviner. Elle survole la terre et ne sait même pas qu'elle froisse l'arbre ou la fleur! Le Taureau suit son instinct quand il aime, il ne cherche pas la raison, il aime dans la totalité. La Balance a tout inspecté dans les détails, elle fait le bilan; d'un côté, elle aime ce qu'il dit et ce qu'il fait, de l'autre, il peut faire encore plus et mieux. La Balance demande aux êtres de se perfectionner, elle peut indiquer une route qu'elle ne prendrait même pas, elle a analysé.

Elle n'est pas non plus démunie d'instinct, mais elle ne voudrait surtout pas être un animal. Le Taureau l'est, lui, et ça ne le gêne pas. Ce genre de couple fonctionne bien quand chacun est occupé à un travail, à une création. Il s'agit de deux signes vénusiens, l'art peut les lier. Si l'art est absent il y a un risque que l'air monte plus haut et que le sol s'enfonce de son côté. Le Taureau est attaché à ses enfants et peut sacrifier son propre bonheur pour rester près d'eux si la liaison s'effrite. La Balance, si l'amour s'absente, hésitera moins longtemps à demander une séparation.

Plus autonome, elle peut délier son coeur de sa raison, agir avec l'un à tel moment et avec l'autre dans l'heure qui suit. Le prolongement d'une liaison entre eux est possible, mais le Taureau ne devra pas s'accrocher à la Balance qui ne supporte pas la sensation d'étouffement ou d'une surveillance trop étroite. Il devra respecter la liberté d'action que la Balance prend socialement car elle en a besoin pour vivre heureuse. La Balance devra, en revanche, éviter de froisser la sensibilité du Taureau, de l'accuser de lenteur, par exemple, car il n'est pas pressé. Il a besoin qu'on le rassure pour agir et non qu'on lui indique ses faiblesses dont il est bien conscient.

Il veut qu'on l'encourage parce qu'on l'aime. Il a besoin qu'on lui donne de nouvelles preuves d'amour, et la Balance doit y voir, même si elle n'a aucun doute sur l'amour qu'elle lui porte. Le Taureau acceptera les initiatives de la Balance — elle en prend plusieurs — ne les interprétera pas comme si elle se désintéressait de lui. La Balance devra comprendre que le Taureau se laisse parfois prendre par des phases lunaires négatives, et ce dernier devra admettre que la Balance a besoin périodiquement de se retrouver seule et de faire le point. Il devra accepter cette attitude comme une méditation et non comme un éloignement. Ils peuvent s'aimer longtemps, tant et aussi longtemps qu'ils ont des objectifs, différents il est vrai, mais où chacun encourage l'autre à les atteindre. S'ils partagent ensemble un goût artistique, ils peuvent alors atteindre un idéal amoureux.

UN TAUREAU ET UN SCORPION

Ils s'opposent ou se complètent. Ils s'aiment instantanément ou se séparent immédiatement. Ils peuvent aussi rester ensemble, s'aimer ou se tourmenter sans cesse, mais ne peuvent éviter de se croiser fréquemment, la vie les place l'un en face de l'autre. Le Scorpion aimerait bien ressembler au Taureau, moins s'en faire, avoir plus d'espoir, voir les choses en plus colorées. Le Taureau, lui, aimerait bien avoir l'agressivité silencieuse du Scorpion, faire le mur, pour se défendre, quand il y a risque de blessures.

Le Taureau aimerait bien pouvoir voir plus loin dans sa vie, comme le fait le Scorpion qui touche presque l'invisible, il le sent mais n'arrive pas à être certain que ça existe! Signe de terre, le Taureau veut une preuve. Signe d'eau, le Scorpion ressent et n'a pas besoin de démonstrations physiques, le surnaturel est là, comme n'importe quel autre objet. Deux signes fixes, et quand ils s'accordent leur confiance mutuelle c'est pour toujours et à jamais. Le Taureau arrive comme un printemps dans l'automne du Scorpion. Le Scorpion prévient le Taureau que parfois, au printemps, il y a des gels surprises mais que rien ne meurt sauf pour un instant.

Le Taureau est un signe vénusien, il aime la chair, la sexualité, et le Scorpion est pour lui ce symbole. Il voit la surface, la beauté de la chose, alors que le Scorpion y pénètre profondément, juste pour voir si cette beauté est réelle ou fictive, et il ne se laisse plus séduire par les apparences. Il n'a pas cette naïveté. Le Taureau est naïf et a parfois du mal à voir au-delà de la chair, au-delà de ses yeux. Le Scorpion peut facilement abuser du Taureau, il le fascine, l'émeut, il peut aussi l'effrayer, le garder dans la peur comme il peut l'aider à devenir plus fort et plus sûr de lui. Ces deux signes s'opposent, c'est le choc des antagonistes, ou la parfaite complémentarité, ils ne sont jamais indifférents l'un à l'autre. Ils sont tenaces tous les deux, ils ont des idées bien à eux, sont fortement individualistes.

Le Taureau dit «j'ai», et le Scorpion, «nous avons». Le Taureau aura tendance à vouloir prendre, le Scorpion lui donnera car il dit «nous». Si le Taureau devenait trop gourmand, le Scorpion pourrait se retourner, aller ailleurs où on est davantage prêt à partager un «nous». Dans une vie commune le Taureau peut trouver que le Scorpion partage avec trop de gens et ne lui donne pas assez d'attentions. Le Scorpion considérera l'attitude du Taureau comme de l'égocentrisme alors qu'en fait le Taureau a simplement peur de se retrouver seul.

Le Taureau peut indiquer au Scorpion un coin plein de verdure et de soleil. Le Scorpion ouvre la route et démontre au Taureau qu'on peut traverser le désert avec rien et tout faire à partir de rien, l'esprit et la volonté peuvent tout. Le Taureau lui offrira le plaisir de Vénus pour qu'il puisse se détendre et se reposer.

UN TAUREAU ET UN SAGITTAIRE

Voici une liaison dangereuse, mais comme je le dis toujours, rien n'est impossible. Le Sagittaire sera séduit par Vénus du Taureau, il se sentira apaisé en sa présence. Il sait aussi qu'il ne se déplace que lentement et qu'il peut toujours le rattraper si,

TAUREAU ET LES AUTRES SIGNES

lui, le Sagittaire, a fait un détour sur la route. Le centaure est plus audacieux, il voit grand et plus loin. Il ne craint qu'une chose, ne pas avoir assez de plaisir, ne pas pouvoir explorer, ne plus bouger... Le Taureau n'est pas pressé, il a tout son temps, et chaque minute mérite qu'on la goûte. Le printemps s'éveille. Pour le Sagittaire, l'hiver est arrivé, il lui faut bouger pour ne pas geler.

Le Taureau exprime ses sentiments en y réfléchissant à deux fois. Il ne veut pas commettre d'erreur parce qu'il ne veut pas non plus revenir sur une parole donnée. Le Sagittaire est vif, il dit ce qu'il pense à l'instant, et ça ne le gêne nullement de dire, quelques instants plus tard, qu'il pense autrement, ce qui bouleverse le Taureau qui croit en l'immuabilité des sentiments. Pour un Taureau, aimer c'est pour la vie. Pour un Sagittaire, c'est pour tout de suite!

Le Sagittaire peut ainsi blesser la sensibilité du Taureau. Il a besoin d'action et a du mal à comprendre que ce dernier le désire aussi, mais avec autant de lenteur et parfois de recul. Le Taureau n'arrive pas à bien saisir le détachement du Sagittaire, ou son non-attachement à la tradition, à certaines règles de vie. S'ils ont des enfants, le Taureau risque de les avoir seul à sa charge. Le Sagittaire n'a pas le temps, il lui faut voir à tout, tout explorer, transmettre les messages qu'il apprend ailleurs, au loin.

Le Taureau pourrait l'attendre, comme l'hiver qui attend son printemps, mais si les saisons passent en se multipliant, un jour, le Taureau n'y sera plus, le Sagittaire ne le retrouvera pas. Le Sagittaire, bien qu'attaché aux enfants, ne ressent pas le besoin d'être tout près d'eux. Il les aime et cela devrait suffire! Le Taureau ne le voit pas de cet oeil, et la stabilité pour lui est importante.

En fait, c'est une aventure risquée pour les deux. Là où ils se sentent le mieux ensemble, c'est pour la fête et les occasions de plaisir. Dans un quotidien qui contraint à des obligations, ils ne s'entendent pas toujours très bien; le Sagittaire dit qu'il faut qu'il parte et le Taureau dit qu'il faut qu'il reste, et chacun est tenace, chacun gagnera de son côté... le plus souvent le Taureau sera la victime. Il souffre quand il est délaissé. Le Sagittaire, ce signe de feu, se laissera emballer par une nouveauté, un nouvel attrait. Il n'oubliera pas tout, mais presque, alors que le Taureau, lui, n'aura absolument rien oublié!

28

UN TAUREAU ET UN CAPRICORNE

Union durable la plupart du temps, l'exception fait la règle naturellement. Le Capricorne est un signe d'hiver, la terre gelée. Le Taureau est un signe de printemps, une promesse de renaissance. Le premier est prudent, peureux, parfois même angoissé. L'autre, en face de lui, se risque, il sourit, il croit que la vie renaît. Leurs vibrations s'unissent à l'amour plus facilement. Il s'agit ici de deux signes de terre, de deux personnes qui aiment la stabilité. Le Capricorne est un vieux sage qui rajeunit en vieillissant, alors que le Taureau vieillit en devenant sage. Ensemble, ils pourront éloigner toutes leurs peurs, se rassurer sur leurs forces, réaliser une entreprise solide.

Rien n'est totalement parfait au début de la formation de ce couple: le Capricorne craint de voir s'éloigner le Taureau, il le trouve léger, plus sociable et plus audacieux qu'il ne l'est lui-même, il aimera sa fantaisie, Vénus l'anime et le séduit. Le Taureau s'en éprendra et s'y attachera. Signe fixe, il s'installe, et voilà que c'est maintenant au tour du Taureau d'avoir peur que le Capricorne ne s'échappe parce qu'il a aussi appris à vivre au rythme de l'éclosion du printemps. Ces deux signes de terre s'imprègnent si bien l'un l'autre qu'ils peuvent en arriver à se demander, à certains moments, lequel est l'hiver et lequel est le printemps.

Si leurs terres, l'une trop sèche et l'autre glacée, n'arrivaient pas à s'humecter, elle pourraient alors se tendre au point de se fendre! Un danger guette ces deux signes de terre: les habitudes. Ils sont si bien ensemble que, sans s'en rendre compte, ils peuvent se couper de leurs amis, se priver des loisirs différents qu'ils aimaient juste pour ne pas manquer l'un à l'autre. Et puis, plus rien n'est commun entre eux. Ils n'ont plus rien à se raconter... ils s'ennuient! Leur tranquillité est devenue un pacte, une constitution, une loi. Tout ce qui pourrait menacer leur union est éloigné. Le Taureau, symbole vénusien, sera le premier à réagir. Le printemps grouille, et la montagne tremble!

 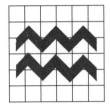

UN TAUREAU ET UN VERSEAU

Le Taureau est signe de terre et le Verseau est signe d'air et des grands espaces sidéraux! L'un aime la stabilité et l'autre ne la supporte pas, ou si peu, le temps d'un éclair. Le Verseau reprochera au Taureau sa peur devant l'inconnu et celui-ci sera scandalisé par l'impudeur de l'autre face à tout ce qui est permis, ou presque. La Vénus du Taureau rend le Verseau bien curieux, l'attire, mais en même temps il se demande comment il peut fonctionner dans son monde étroit. Le Taureau, lui, se demande comment le Verseau fait pour vivre au milieu des gens sans s'essouffler. Il est sensible et beaucoup plus qu'il ne le laisse paraître.

Le Verseau refuse de se laisser aller aux sentiments, la logique et la raison doivent primer. Pour lui, le sentiment est une faiblesse tandis que, pour le Taureau, c'est une nécessité que de s'épancher. Quand un Taureau voit une fleur, il la respire, admire sa beauté, l'éclat de ses couleurs, alors qu'un Verseau, lorsqu'il en voit une, se demande par quel chemin elle a pu passer pour éclore ainsi et quelle est son utilité sur terre. Nourriture pour abeilles? Ingrédient qui sert à faire un parfum? Un médicament peut-être? Comment se reproduit-elle?

En fait, une fois que le Verseau a vu la fleur, il se préoccupe de son devenir, tandis que le Taureau la voit dans son présent, dans son instant de vie. Nous avons donc là deux visions de la vie totalement différentes. Il leur faudra de nombreux ajustements s'ils veulent vivre ensemble. Le Taureau devra accepter les amis du Verseau et consentir à suivre ce dernier quand il se fait courant d'air. Le Verseau devra se montrer plus romantique et ne pas se sentir obligé d'expliquer au Taureau le devenir du bouquet de fleurs. Il est un amoureux de la vérité toute nue, alors que le Taureau est si sensible que, froissé ou blessé, il fige, s'immobilise, plonge en lui-même jusqu'à avoir l'air de bouder. Le Verseau, une fois qu'il a dit ce qu'il avait à dire, ne se formalise plus, ne se pose plus de questions.

Le Taureau, de son côté, peut mijoter un mot, une phrase qui l'a atteint durant des jours, voire des semaines ou des mois. Le Verseau ne supportera pas ce silence et provoquera le Taureau, qui s'en ira, non sans peine, parce qu'il se sentira rejeté, tandis que le Verseau réagira vivement en s'intéressant à tout autre chose. Il ne s'accroche pas au passé, seul l'avenir l'intéresse. S'ils veulent vivre ensemble, une fois l'effet de séduction passé, le Verseau devra s'arrêter et se demander ce qui ferait plaisir au Taureau. Le Taureau, lui, ne devra pas s'accrocher désespérément et attendre, il n'obtiendrait que mépris.

Pour garder le Verseau, il devra l'épater, se dépasser sans cesse lui-même et surtout ne pas bouder! Ne jamais dépendre du Verseau... ce qui est bien difficile pour un Taureau pour qui l'amour fait perdre la raison. Le Verseau vibre mais ne s'arrête que lorsqu'il ressent un choc, parfois quand le Taureau est parti. Un Taureau qui ferme sa porte a bien du mal à revenir en arrière. Un Verseau est un signe d'air, l'air circule dans toutes les directions, il peut aller et venir sans faire beaucoup d'efforts. Il pourrait retourner chercher le Taureau, mais il faudra qu'il apporte une preuve solide de son amour et la garantie de stabilité. Il faut souhaiter bonne chance à ce couple si Taureau et Verseau tiennent à prendre ensemble la route de l'amour et du bonheur.

UN TAUREAU ET UN POISSONS

C'est tout d'abord l'attrait sexuel qui les lie. Le Poissons est un signe d'eau, symbole de l'océan infini et des profondeurs insondables. Le Taureau est un signe de terre, sa vision de la vie est claire, dessinée, nette, son parcours est tracé. Ils se comprennent difficilement, une belle amitié peut les lier, une passion peut se déclarer. Le Taureau voudra que ça dure toujours, le Poissons aussi, seulement il supportera mal que le Taureau l'enchaîne à des habitudes. Le Poissons a trop besoin de mouvement pour s'assouvir longtemps au même endroit! Puissant signe d'eau, il est l'océan, la mer alors que le territoire du Taureau, signe de terre, est délimité. Si vous jetez l'océan dans un pâturage, vous aurez non seulement une inondation, mais la disparition totale de cette terre, l'eau l'envahira totalement.

Le Taureau, face au Poissons, peut développer des complexes, se sentir amoindri, inconsciemment et le Poissons peut se détourner du Taureau pour aller voir ailleurs... juste pour voir, il a l'intention de revenir, il revient. Le Taureau est heureux, mais chaque fois que le Poissons disparaît de sa vie, il se meurt d'amour... Ce petit jeu peut durer longtemps... jusqu'au jour où le Taureau n'en peut plus et il claque la porte au nez du Poissons. Ce dernier peut souffrir de blesser l'autre, mais il a du mal à se restreindre et, s'il le faisait, peut-être serait-il si malheureux que le Taureau le rejetterait à son tour.

Un Poissons malheureux s'enferme dans le rêve, un rêve souvent provoqué par l'alcool ou la drogue. Un Taureau réaliste ne supporterait pas un Poissons à l'esprit inconsistant, aux actes irréguliers. À peu près tous les astrologues sont d'accord pour dire que ces deux-là sont parfaits ensemble, quelques-uns ont réussi, mais ils sont peu nombreux. Le Taureau est un signe fixe, il fixe donc les règles du jeu. Le Poissons est un signe double, libre comme l'océan, il n'observe aucune règle, ça le limiterait dans sa création, dans sa vie.

Pour qu'ils puissent vivre ensemble, le Taureau ne devra fixer aucune loi, laisser vivre sans poser de questions. Le Poissons ressent les contraintes, il devine ce qu'il considère comme des pièges et ne s'y laisse pas prendre facilement ou, s'il s'y laisse prendre, il en ressort plus aisément qu'un Taureau ne sait le faire. Si le Poissons veut garder le Taureau, il devra s'efforcer de lui faire de temps à autre un rapport de ses activités. Il devra lui faire des promesses et les tenir à court terme. Le Poissons, bien que sensible, ne se gêne nullement pour dire ce qu'il pense. Il a le don de plonger dans le coeur et dans l'âme d'autrui, de pincer ou de caresser.

Le Taureau supporte mal la douleur, elle est plus vive que chez beaucoup d'autres signes. Aussi le Poissons devra-t-il mesurer la portée de ses mots, de ses gestes. Une blessure est longue à guérir chez le Taureau. Le Poissons vit à la fois avec toutes les blessures et les plaisirs de cet univers, il ne sépare pas les choses. Le Taureau le fait, lui. Pour le Poissons, quand il y a bonheur, il y a douleur quelque part, cela fait partie de sa nature. Pour le Taureau, le bonheur est une conception claire, exempte de douleur, du moins c'est ainsi qu'il veut le vivre. Il ne peut concevoir l'homogénéité entre bonheur et douleur. Pour le Poissons, c'est un aliment bien naturel, tout comme l'océan se nourrit de l'océan avec sa beauté et ses risques.

Le Taureau et ses ascendants

**TAUREAU
ASCENDANT
BÉLIER**

Efficace, rapide, énergique. L'argent, l'argent, l'argent, l'argent... je pourrais l'écrire cent fois et il sourirait parce qu'il sait très bien qu'il aime l'argent et que, dans l'argent, il y a la force, le pouvoir et la liberté de faire ce qu'on a bien envie de faire sans demander la permission à qui que ce soit! L'argent peut devenir un dieu!

Chez ce natif, le Soleil se trouve en deuxième maison qui représente les biens. L'argent peut être gagné par le monde des affaires aussi bien que des arts... Le Taureau étant un signe de Vénus, il se complaît dans la beauté. Ce natif a la manière pour que ça rapporte quel que soit le travail qu'il fait.

C'est un bâtisseur qui sait autant se créer un emploi qu'en créer pour d'autres qui seront à son service, naturellement. Né sous un signe fixe, il ne reçoit aucun ordre, mais son ascendant

35

TAUREAU ET SES ASCENDANTS

Bélier, un signe cardinal, fait qu'on lui donne des ordres! Vous voyez le tableau du petit dictateur, avec le sourire charmant et bon enfant de Vénus pour couronner le tout.

Ses ambitions reposent sur des bases solides. Il est prêt à mettre l'effort pour les réaliser et il y arrive. Un Taureau a une excellente mémoire et ne commet jamais deux fois les mêmes erreurs, alors qu'un Bélier est d'action. Alliez les deux et vous avez une grande force. Il vous dira lui-même qu'il n'est pas n'importe qui, il est presque facile à repérer dans la foule: deux paires de cornes ça se voit de loin, non? De plus, il aime bien se faire regarder... pourquoi pas, je mérite bien ça, se dit-il. L'orgueil ne manque pas, non plus que la détermination. La première place l'intéresse. Bien qu'il soit prêt à commencer au bas de l'échelle, c'est le sommet qu'il enligne!

Il lui arrive de croire qu'on pense comme lui, qu'on veut les mêmes choses que lui, et il peut arriver qu'il ait tort! Il a bien du mal à se mettre à la place des autres. Il peut être égoïste dans ses désirs et oublier qu'il faut aussi penser aux autres pour avoir une vie équilibrée. Penser aux autres ça ne veut pas dire faire un cadeau à quelqu'un quand on sait que, dans les trois semaines qui suivront, on aura besoin de l'aide de cette personne! Il a la manie de s'imaginer qu'il fait les choses d'une manière détachée, qu'il est presque un philanthrope! Il n'y a pas à en douter, c'est un réalisateur, un réaliste, un faiseur de ce qui se voit! Et même de loin!

Il se peut bien qu'en amour il ne soit pas aussi chanceux; il croit donner beaucoup alors qu'en réalité il en a pris plus que sa générosité. Il était si occupé à remplir ses caisses et à bâtir son empire... Il aime impressionner, seulement l'amour ce n'est pas une question d'impression, pas du tout. Taureau, signe fixe, il n'est pas vraiment changeant, il aime flirter, se prouver qu'il plaît, mais il revient à l'enclos s'assurer que tout est en place. Il sait qu'il plaît et ça lui suffit, mais en amour ça ne suffit jamais et personne ne devient jamais, jamais, jamais la propriété de l'autre. Le Taureau-Bélier semble le croire parfois. C'est bien inconsciemment la plupart du temps. Si vous le lui expliquez en commençant par le début, et que tout se fait posément, sans l'énerver, il comprendra fort bien. Et une chose comprise de A à Z, chez lui, c'est pour la vie. Je vous l'ai dit, il ne tient pas à répéter deux fois les mêmes erreurs.

Quand il est blessé, il l'est profondément et il ne pardonne pas facilement. Il peut aussi tromper avant d'être trompé après un échec sentimental grave, ce qui arrive fréquemment dans notre monde actuel. Et vous verrez, il vous dira qu'il n'y a qu'à lui que ça arrive! Nous avons ici deux bêtes à cornes, un Bélier et un Taureau, et ça fait mal quand ça rentre dans le corps de quelqu'un!

Son ascendant lui donne de l'audace, il a envie de faire les choses pas comme les autres. Il veut être original, unique. Il s'agit souvent d'une personne ayant le sens de l'innovation, quel que soit le domaine où elle opère.

Son Soleil étant dans sa deuxième maison, en tant que Taureau, c'est bien sûr sa place idéale, ce qui en fait un bon spéculateur, un bon manipulateur de foule également. Ce natif, bien qu'il soit très attaché à l'argent, qu'il ait un grand besoin de sécurité, sera très attiré par les arts. Si vous ne le saviez pas, c'est un domaine peu payant au Québec: nous manquons de spectateurs et, de plus, avec la dénatalité... Il aura grande envie de plaire à la foule, de plaire à beaucoup de monde, ce qui en fera un bon vendeur, une personne capable de s'adresser à n'importe qui. Il manifeste une telle assurance que vous le ou la prendriez pour superman ou superwoman. Allez voir un peu derrière, vous découvrirez une personne affamée, constamment affamée d'amour et de reconnaissance. Il n'est pas si sûr qu'il en a l'air. Si, par exemple, vous lui dites une bêtise, une toute petite, vous le verrez rougir et il y pensera longtemps, se demandant qui, de vous ou de lui, a raison. Généralement, la voix de ce natif est puissante et magnétise ceux qui l'écoutent. C'est un enjôleur!

La troisième maison de ce Taureau est dans le signe du Gémeaux, ce qui lui donne, encore une fois au risque de me répéter, une grande facilité de parole. Il peut aussi lui arriver de parler trop vite, de ne pas expliquer en détail, ce qui fait surgir chez les interlocuteurs des points d'interrogation, mais le magnétisme du Taureau représente une promesse pour celui qui écoute. Vous aurez envie d'y revenir, il n'a pas tout dit. Ce natif connaît généralement beaucoup de monde, mais ses relations ne sont pas intimes comme on pourrait l'espérer de sa part. Il se contente souvent de savoir ce que l'autre fait au cas où cela pourrait lui être utile dans l'entreprise qui l'intéresse. Pour dire vrai, il calcule, mesure et pèse. Bien sûr qu'il a quelques amis intimes, mais ceux-là il les a depuis longtemps.

TAUREAU ET SES ASCENDANTS

Sa quatrième maison se trouve le plus souvent dans le signe du Cancer, ce qui en fait une personne généralement attachée à sa famille et fiable pour les siens. Ce type de personne n'abandonne pas ceux qu'il aime. Après ses nombreuses activités, il se retire le plus souvent chez lui, en famille avec les gens qu'il connaît, il enfile ses pantoufles, il lit, il prépare un bon repas, il regarde la télé pour compléter sa détente et être au courant des dernières nouvelles, il veut savoir ce qui se passe un peu partout, ça pourrait lui être utile. Bref, il a besoin de cette tranquillité pour récupérer.

Sa cinquième maison, celle de l'amour dans le signe du Lion, entre naturellement en carré très souvent avec son Soleil, du moins l'aspect entre le Taureau et le Lion ne facilite pas une très bonne réception. Ce qui signifie que ce natif peut se retrouver déçu de la personne à qui il a donné son amour: il l'avait idéalisée. Ce Taureau-Bélier recherche les amours de qui il peut être fier et qu'il peut aisément présenter à «la foule» ou à ses amis, certain qu'on trouvera son partenaire tout à fait correct. C'est un passionné. Il doit lui-même se mettre en garde contre les amours subites bien que son signe fixe, Taureau, ait tendance à l'enchaîner malgré lui dans de belles, mais aussi de moins belles, relations sentimentales. C'est un séducteur qui se laisse séduire. Est bien pris qui voulait prendre!

Sa sixième maison, qui est à la fois celle du travail et de la maladie, se trouve en Vierge, donc en bon aspect avec son Soleil de Taureau, ce qui en fait un être résistant bien qu'il soit nerveux. Il se contrôle, son mental est agile à l'analyse et il sait placer au réfrigérateur ses émotions quand il ne doit pas en avoir dans une situation précise. Il a assez de contrôle pour ne trembler qu'en cachette, chez lui. Sa nature en fait un travailleur, cette maison le confirme encore une fois. Il peut même lui arriver d'occuper deux postes en même temps. Il ne faut pas oublier qu'il a de l'énergie, qu'il est passionné et qu'il aime l'argent, ce qui crée une forte impulsion à l'action.

Sa septième maison est dans le signe de la Balance, un autre signe vénusien, tout comme le Taureau, et la Balance étant le sixième signe du Taureau, il arrive que le conjoint ou la conjointe soit rencontré(e) sur les lieux du travail ou présenté(e) par un compagnon ou une compagne de travail. En fait, le contact amour (mariage) est le plus souvent durable quand ce Taureau-Bélier partage un lien intellectuel ou des affinités concernant le travail avec son partenaire. Le conjoint sera souvent un type plus patient et plus analytique que le natif qu'il réussira à calmer dans les moments de tempête. Le danger est aussi que ce natif y perde sa spontanéité par trop de recommandations et qu'il perde même d'excellentes occasions. Il pourra se dire «j'aurais dû suivre mon flair plutôt que d'écouter ma raison».

Sa huitième maison est celle du Scorpion, ce qui le laisse sous l'influence des aspects de Mars et de Pluton. Il peut alors arriver qu'il ait peur de la mort, tout comme il peut être intrigué par le secret que représente la mort. Il peut être superstitieux ou profondément attiré par la spiritualité, et seule sa carte natale donne des précisions sur ce point. Avec de mauvais aspects, quand ce natif «attrape» un coup de cafard, il peut descendre bien bas et avoir des idées si noires qu'on ne saurait se surprendre de l'entendre dire qu'il songe à se donner la mort... Il ne le fera pas, il ne fait qu'apprivoiser la mort. Il aimerait avoir la certitude de ce que lui réserve l'au-delà, mais comme personne ne peut l'informer officiellement et lui garantir le paradis, il revient de son cafard et reste parmi nous, pour notre grand bonheur à tous. Il prend tellement de place qu'il laisse un vide quand il disparaît!

Sa neuvième maison se retrouve le plus souvent dans le signe du Sagittaire, symbole des voyages, de l'étranger, et comme cette maison est en bon aspect avec son ascendant et qu'elle est la huitième maison à partir du signe du Taureau, il arrive souvent que ce natif aille vivre ailleurs ou qu'il soit fortement attiré par les gens d'une autre culture que la sienne... et que cela transforme complètement sa vie, pour le meilleur ou pour le pire, tout dépend encore une fois de sa carte natale. L'exotisme l'attire. Le lointain exerce continuellement une fascination sur lui. Il y a tant à voir et à faire. En tant que Taureau, il est stable; aussi, au cas où il déciderait d'aller vivre hors de son lieu natal, ce serait pour une longue période de temps et avant de partir à nouveau il y penserait encore aussi très longtemps. Même s'il aime le dépaysement, il aime rentrer chez lui.

Sa dixième maison est dans le signe du Capricorne. Pour lui, c'est sa place idéale, c'est presque une assurance de succès matériel et de sécurité pour ses vieux jours. Ce natif a plus d'endurance qu'il paraît en avoir car, de temps à autre, il aime bien se plaindre et se faire plaindre. Il aime attirer l'attention quand on se détourne de lui.

TAUREAU ET SES ASCENDANTS

Sa onzième maison dans le signe du Verseau, naturellement en aspect de carré avec son Soleil, fait qu'il lui arrive de temps à autre de découvrir que ses amis ne sont pas tout à fait ce qu'il avait cru qu'ils étaient. Mais il en a partout, et souvent quelques-uns à l'autre bout du monde. Cette onzième maison, celle d'Uranus, provoque à un moment de sa vie une grande prise de conscience, et même souvent une crise de conscience. Il ne sait plus s'il ne doit croire qu'en ses moyens, l'autre l'ayant délaissé, ou s'il doit continuer de prier pour obtenir les faveurs qu'il sollicite. La position d'Uranus nous informe sur son évolution à la fois spirituelle et mentale.

Sa douzième maison, qui est celle de l'épreuve, se trouvant dans le signe du Poissons, il faut alors voir les aspects de Neptune pour savoir exactement d'où vient l'épreuve. Par exemple, pour ceux qui sont nés entre octobre 1942 et décembre 1955, la position de Neptune dans le signe de la Balance fait une opposition à l'ascendant et a provoqué chez plusieurs des divorces, des peines d'amour. Naturellement quelques-uns y ont échappé, mais ça n'a sûrement pas été facile!

Cette douzième maison en Poissons, qui est aussi la place idéale du natif, en fait un être intuitif qui, à son grand détriment, peut de temps à autre se laisser tromper par les apparences. S'il se fiait à son flair, il minimiserait ses erreurs.

Ce natif peut être magique, on ne l'ignore pas quand il passe car il dégage des vibrations puissantes qu'il peut utiliser pour le bien ou pour le mal, selon ce qu'il a décidé, car vous ne déciderez rien à la place d'un Taureau. Il bouge quand il a décidé de bouger: signe fixe. Son ascendant Bélier lui fait des «chatouilles» dans le corps pour aller de l'avant, mais c'est le Taureau qui décide.

Taureau ascendant Bélier, ces deux signes associés peuvent faire du natif, surtout dans la première partie de sa vie, une personne superficielle trop attachée aux biens de ce monde et pas assez à la raison profonde qui anime aussi la vie des autres. Trop tourné vers ses besoins, il néglige ceux des autres, ce qui, un jour ou l'autre, a ses petits rebondissements. On finit par l'avoir sous le nez mais, en tant que Taureau, la réflexion le pousse à voir bien clairement la répercussion de ses actes et à transformer le négatif en positif. Avec la position du Soleil en deuxième maison, position idéale pour le Taureau, il finit un jour par se rendre compte qu'il n'est pas le nombril du monde, et qu'il est ce qu'il est parce qu'il n'est pas seul... Que ferait donc un Taureau tout seul sur la planète? Il aurait beau chercher les applaudissements, l'affection... Se croire seul au monde, c'est une absurdité, il n'y a qu'à prendre le métro...

**TAUREAU
ASCENDANT
TAUREAU**

Propriétaire né, il n'est pas heureux s'il ne possède pas des biens, beaucoup d'argent, des choses bien à lui, son territoire, ses idées, ses petites affaires, et comme il est un double signe fixe, il croit «dur comme fer» qu'il a raison d'être ce qu'il est, de croire à ce qu'il croit et que tout le monde devrait en faire autant.

Posséder l'ascendant de son propre signe ne fait jamais de ce natif une personne ordinaire. Il peut arriver que vous ayez affaire à un Taureau-Taureau marginal, surtout si des aspects de Vénus marquent une certaine originalité. Nous pouvons tout aussi bien avoir ici un homme d'affaires dur qu'un artiste ayant des idées qui se distinguent de celles de beaucoup d'autres.

Double signe de Vénus, la vie lui offre des grâces agréables, des moments merveilleux de plaisir, de détente, d'amour, mais il arrive qu'il s'y refuse ou qu'il en abuse. «Tête dure», buté, mais qui d'autre que lui-même pourrait le changer: ne tentez rien. Il décide de sa vie.

Grand réaliste, double signe de terre, double signe de Vénus, il peut aussi, selon LUI, être un grand artiste réaliste.

TAUREAU ET SES ASCENDANTS

Il a bien du mal à démontrer de l'affection. Signe de terre, la terre peut être sèche si elle n'est pas alimentée par quelques planètes en signes d'eau. Il peut devenir égoïste et cruel même. Un Taureau, ça a l'air bien gentil comme ça, mais ne le provoquez pas. Quand cette bête à cornes s'emporte, elle ne voit plus clair, elle fonce dans le tas, vous n'aviez qu'à ne pas vous trouver sur sa route!

Son évolution est lente et ses sentiments se développent aussi lentement. Signe de terre, prudence, il ne se confie pas facilement, surtout s'il a déjà eu des difficultés en amour!

La stabilité lui convient, il aime les enfants, il est souvent plus démonstratif avec eux qu'avec le conjoint. Ce dernier est acquis, ça lui appartient! Le partenaire est sur la tablette à sa disponibilité!

Ce double signe de terre, double signe de Vénus, peut être extrêmement généreux ou égoïste. Quand on a affaire à un signe pur, il est toujours plus difficile de le «cataloguer» parce que les aspects de sa carte natale lui donnent son orientation.

Face à l'argent, comme il possède sa deuxième maison en Gémeaux, il peut être le dépensier par excellence et même, de temps à autre, être un parasite pour ceux qui l'entourent, ou être celui qui a deux sources d'argent et qui économise tout ce qu'il peut. Le deuxième type est le plus courant.

L'adolescence n'est jamais facile pour lui, c'est le moment où il recherche son identification propre, où il veut son indépendance. Il peut à ce moment devenir un Taureau taciturne et mélancolique ou un Taureau si expressif qu'on a du mal à le supporter.

Sa troisième maison, dans le signe du Cancer, en fait souvent un agité durant sa jeunesse, intellectuellement ou physiquement, et parfois les deux en même temps. Il aime quitter la maison, il revient et décide que c'est là qu'il est le mieux, puis, tout à coup, il peut avoir la sensation que la famille l'écrase, et c'est de nouveau la fuite.

Dans l'âge adulte, quand ses maisons prennent de l'importance dans sa carte natale, une sensation d'étouffement peut tout à coup saisir ce Taureau-Taureau et, soudainement, comme ce double signe fixe peut le faire, il abandonne son foyer sans trop prévenir, mais comme il est double signe fixe, il y aura réfléchi suffisamment avant de poser le geste. Les spectateurs ou les témoins auront, eux, l'impression que ça s'est fait tout d'un coup.

TAUREAU ET SES ASCENDANTS

Sa quatrième maison, qui représente le foyer, se trouve dans le signe du Lion. Le plus souvent ce natif aimera les belles et grandes maisons. Le foyer luxueux attire son attention mais, en tant que Taureau-Taureau symbole d'argent, il y vivra rarement au-dessus de ses moyens, cela mettrait sa sécurité en danger.

Il y a toujours une contradiction chez ce double signe fixe: autant il aime son foyer et ses enfants, autant il a envie de ne pas y être. Mais Taureau-Taureau, symbole du devoir, il restera jusqu'à ce qu'il sache qu'on n'a plus vraiment besoin de lui. Ce signe n'est pas aussi simple qu'il en a l'air. Il peut être lourd à porter. Son côté vénusien veut plaire, mais Taureau-Taureau est aussi un signe de grande mélancolie. Signe des «verts pâturages», en vieillissant l'envie peut lui prendre sérieusement d'aller explorer de nouvelles terres!

Sa cinquième maison, celle de l'amour, en fait souvent un être un peu avare de ses sentiments, quelqu'un qui se sent mal compris, mal aimé. Il ne veut pas être aimé pour ce qu'il rapporte ou pour ce qu'il fait et, d'un autre côté, il se contente souvent de donner des preuves matérielles pour démontrer son attachement. Encore une fois, c'est contradictoire. Il raisonne l'amour alors qu'il sent bien que c'est quelque chose de presque complètement indépendant de la raison. Il peut aussi lui arriver de commettre quelques infidélités bien qu'il soit signe fixe et que ce ne soit pas dans sa nature: un goût soudain d'exploration.

Sa sixième maison se retrouve dans le signe de la Balance: sixième, maison du travail, de la maladie; Balance, symbole du mariage, de la justice. Alors ce natif peut vivre un mariage malade, vivre des arts, vivre d'un travail tout à fait du type de la Balance, soit de raison, de logique pure. Il aura de la difficulté à communiquer avec son entourage dans le milieu du travail, il aura peur d'être mal jugé. Si nous avons affaire à un type Taureau-Taureau marginal, alors il fera n'importe quoi pour qu'on le remarque, en bien en mal, peu importe, du moment qu'il fait sa marque! Il peut arriver également à ce natif de vivre avec un conjoint qui est plus compliqué qu'il ne lui apparaissait au début et qui se révèle comme une personne le poussant à exprimer ce qu'il est, à prouver qu'il est encore plus fort dans son milieu qu'il ne le paraît.

Sa septième maison, dans le signe du Scorpion, représente le conjoint. Il peut alors arriver que le conjoint, naturellement avec

TAUREAU ET SES ASCENDANTS

de mauvais aspects de Vénus et de Mars dans sa carte natale, soit destructeur ou auto-destructeur.

Le plus souvent ce Taureau-Taureau attirera une personne repliée sur elle-même, il prendra cela pour de la profondeur, alors que la réalité est tout autre. Le Scorpion, symbole du masque de Pluton, ne tombe souvent qu'après de nombreuses années, le Scorpion étant aussi un signe fixe à l'opposé du Soleil du Taureau. Un beau matin, ce Taureau-Taureau se rend compte qu'il ne va nulle part avec son conjoint, qu'il se détruit, et voilà que le mariage est subitement rompu. D'autres aspects viennent confirmer ou contrer cette position, nous parlons de la généralité. (D'après mon expérience et mes nombreuses constatations avec cette position Scorpion en septième maison, il y a plus de divorces que de mariages qui ont duré.)

Sa huitième maison est dans le signe du Sagittaire. C'est la maison des grandes transformations. Notre natif vit le plus souvent ses changements de vie à l'étranger, loin de son lieu natal. Les événements lui font accepter un travail à l'étranger, ou, poussé par l'impulsion, il sent le besoin de s'exiler pour agrandir son expérience de vie. Il lui arrive souvent de faire plus d'argent à l'étranger que dans son lieu natal.

Sa neuvième maison, dans le signe du Capricorne, fait qu'il devra attendre la maturité pour devenir vraiment sage et conciliant envers autrui... vers quarante-cinq ans environ! Vaut mieux tard que jamais! À ce moment il commencera à abandonner son côté radical. Le Capricorne étant le signe du père, la neuvième maison étant le signe du Sagittaire régi par Jupiter qui représente aussi les enfants, il peut arriver que ce natif, à un moment de sa vie, vive éloigné de ses enfants. Il se peut que ce soit lui ou eux qui soient à l'étranger.

Sa dixième maison étant celle du Verseau, il aura très peu d'amis ou alors ils seront choisis, ils feront partie des élus. Dans le cas d'un Taureau-Taureau marginal, ceux qui l'entoureront seront les «flyés»! Ils seront aussi choisis selon des critères bien précis et appartenant à ce double signe fixe qui ne change pas facilement d'avis. Comme cette dixième maison, dans le signe du Verseau, se trouve très souvent en carré avec son Soleil, il peut arriver que ce natif ne garde pas si longtemps ses amis, qu'il s'en éloigne aussi parce qu'il prend l'avion! Verseau, on le sait, un signe d'air et d'espace!

Sa onzième maison, dans le signe du Poissons, la onze, les amis, la douze les épreuves, voilà que notre natif se demande pourquoi on l'a laissé se débrouiller tout seul! Et s'il était moins radical, plus souple dans ses opinions envers eux, il s'éviterait quelques mauvaises surprises après tout! Mais il arrive aussi que ce natif rencontre une personne amie qui lui dit ses «quatre vérités» et voilà notre Taureau-Taureau en pleine réflexion. Une certaine violence peut l'habiter, violence physique, violence de sentiments qu'il exprime souvent au mauvais moment et avec les mauvaises personnes... Où sont passés ses amis? Eh bien, eux aussi ont pris l'avion pour le fuir.

Sa douzième maison se trouve alors dans le signe du Bélier, maison des épreuves dans un signe de Mars. En fait, les épreuves viennent le plus souvent de lui-même, de ses impulsions à retardement. Bélier, qui régit la tête, peut entraîner le natif à se croire fou à certains moments... courte dépression en général dont on ressort en faisant un geste, une action rapide. La position de Mars, surtout s'il est mal aspecté dans son thème natal, indique d'où vient l'épreuve. Prenons l'exemple d'un Mars dans le signe de la Balance, qui, à ce moment, est à l'opposition de sa maison d'épreuve dans sa sixième maison: le mariage ne reposera que sur des bases fragiles et le sujet réagira en s'éloignant de son conjoint par la voie du travail et, un beau jour, Taureau-Taureau, s'en va sous un autre ciel! Et dans certains cas on le quitte.

Il met du temps, ce double signe fixe, à affirmer vraiment et profondément ce qu'il est. Double signe de Vénus, ce peut être l'artiste qui a du mal à choisir quel art lui convient le mieux, l'homme d'affaires qui se demande dans quel domaine ça rapporte le plus, sauf qu'il n'a pas vraiment perdu de temps, ses caisses sont pleines. Ce peut être celui qui se pose et se repose sans cesse la même question: je suis marié et suis-je vraiment bien, ou, je suis célibataire et suis-je vraiment bien?

 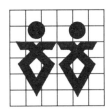

TAUREAU
ASCENDANT
GÉMEAUX

Ou Taureau ascendant instable! Beaucoup d'idées, une grande imagination, mais qu'en fera-t-il? Quand commencera-t-il à réaliser ses rêves? Il y arrivera, mais il prendra plus de temps qu'un autre.

Nous avons un Taureau, 1, plus un Gémeaux, 2, donc 3 personnes. Alors il faudra un certain temps, deux adolescences, avant que ce Taureau ne prenne vraiment la réalité pour ce qu'elle est.

Le Gémeaux est un signe d'adolescent et le Taureau, d'un «gros bébé joufflu et confiant!» Ça ne fait pas une grande personne trop vite! Mais que ferions-nous sans la jeunesse? De toute manière, sous ce signe il y a de bonnes chances pour que l'apparence physique demeure juvénile! Quelle merveille d'arriver à quarante ans et d'avoir encore un air de petit garçon ou de petite fille! On vous enviera! Pas de chirurgie, vous attendrez la soixantaine!

La deuxième maison de ce Taureau-Gémeaux se trouve dans le signe du Cancer: la famille sera alors un bon support financier sur lequel il peut compter. Son ascendant Gémeaux, deuxième maison réelle du Taureau, le porte à la dépense, mais

TAUREAU ET SES ASCENDANTS

ce Taureau, avec sa maison deux dans le signe du Cancer, a sa petite réserve de sécurité. Et comme il est confiant que l'argent arrive à temps, imagination alliée à l'espoir avec cette maison deux en Cancer, deux, représentant le Taureau où, quand la Lune s'y trouve elle est exaltée, et Cancer dont la Lune est la maîtresse, Lune étant l'inspiratrice, ce Taureau-Gémeaux aura l'intuition, il saura où, comment, à quel moment il trouvera l'argent nécessaire à son entretien. Sa manière de gagner de l'argent sera alors directement reliée à la position de la Lune dans sa carte natale.

Sa troisième maison se trouve alors dans le signe du Lion. Dans sa jeunesse ce natif se contentera d'apprendre superficiellement, il sera du genre qui étudie pour l'examen et qui oublie tout ensuite. Sa parole sera brillante, il sera encourageant envers les autres. Un peu naïf, surtout dans la jeunesse, il se laissera flatter par autrui et se fera avoir par des arguments qui ont l'air logique! Ce natif aspire quand même à briller par son intellect, il aime qu'on reconnaisse son intelligence et ses capacités intellectuelles. Cependant, il a quand même bien du mal à terminer ou à approfondir ce qu'il entreprend. Les arts peuvent l'attirer. Les arts de scène, avec parole à l'appui. Il aimera le mouvement, la danse aussi. La maison trois, régie par Mercure dans le signe du Lion, laisse présager un mouvement gracieux et étudié, mais, encore une fois, il peut arriver que ça manque de fini.

Sa quatrième maison se trouve dans le signe de la Vierge. La quatre représente le foyer; la Vierge, maison du travail; il peut arriver que le natif fasse un travail à son foyer, un travail intellectuel puisque la quatre est dans le signe de la Vierge. Il pourra souvent avoir l'impression qu'il n'habite définitivement pas là où il se trouve. Avec la quatre en Vierge, le natif est ou ultra-ordonné ou ultra-désordonné, tout dépend des aspects de Mercure. Le foyer pourra être un sujet de souci indiqué par les aspects de Mercure.

Sa cinquième maison, celle de l'amour, se trouve dans le signe de la Balance. Cinquième, l'amour, l'or; Balance, l'union, le mariage, la justice, l'esthétique. Ce natif recherchera une de ces correspondances. Il peut alors rencontrer une personne qui a un grand sens de l'esthétique, un avocat, un homme d'affaires, puisque la Balance est un signe de raison. Ce peut tout aussi bien être un notaire, un comptable... mais sûrement le conjoint sera une personne logique et raisonnable. Ce natif aura aussi fortement tendance à rechercher une personne qui lui apporte la sécurité matérielle, de préférence le luxe. Il voudra calculer le moment où il fera des enfants. Il cherchera un équilibre certain avec son partenaire avant d'atteindre un équilibre amoureux. Avec la maison cinq dans le signe de la Balance, le natif, ou la native, a toutes les chances du monde de voir son voeu se réaliser.

Sa sixième maison est dans le signe du Scorpion. Sixième maison, celle du travail; Scorpion, qui représente les lieux obscurs, l'ésotérisme, l'astrologie. Ce natif sera fortement attiré par un travail en marge des autres, mais son ascendant Gémeaux lui fait en même temps rechercher la présence des gens qui passent et qui ne reviennent pas. On peut tout aussi bien retrouver le Taureau-Gémeaux dans un travail de nuit, dans des lieux où l'on vend de l'alcool, dans le service de nuit, des chambres, que dans des professions médicales, astrologiques, ésotériques. Taureau-Scorpion lui fait rechercher le contact corporel dans le milieu de travail (ce peut être masseur) et aussi, si des aspects l'indiquent, des relations sexuelles avec les gens du milieu du travail. Mars et Pluton confirmeront la tendance exacte du travail recherché et pratiqué.

Souvent le natif quitte soudainement son travail pour vivre autre chose ou exploiter un autre de ses talents. Sa sixième maison étant dans le signe du Scorpion, il est possible que surviennent des complications au niveau des organes génitaux. La sexualité est aussi gourmande sous ce signe et cet ascendant, en même temps qu'elle est curieuse de vivre des expériences différentes. Ce natif, avec la six en Scorpion, peut, à un certain moment de sa vie pencher pour le vice et, à un autre moment, pour la vertu! Sa fidélité peut être douteuse, surtout si on lui facilite les occasions où s'il ne se sent pas aimé suffisamment.

Sa septième maison, dans le signe du Sagittaire, lui fera rechercher un partenaire qui vient d'un autre pays ou quelqu'un qui a déjà voyagé ou qui aime les voyages. Il attirera aussi très souvent un(e) conjoint(e) qui a des affinités avec la philosophie, les religions, et tout ce qui élève l'esprit. Un voyage est souvent un point de rencontre, un point de liaison entre lui et l'autre. Il arrive aussi que, formant une vie de couple, une séparation par voyage les rapproche. Souvent ce natif sera le deuxième conjoint de la personne qu'il attirera. Les divorces ne sont pas rares non plus sous ce signe.

Sa huitième maison est dans le signe du Capricorne. Huitième, symbole du Scorpion, symbole à la fois de destruction et

TAUREAU ET SES ASCENDANTS

de restructuration. Capricorne, symbole du père. Il n'est pas rare que ce natif ait vécu quelques épreuves par le père, lesquelles épreuves auront contribué à son évolution. La maturité apporte de grandes transformations dans la vie de ce natif: il vieillit en approfondissant ses relations avec autrui, il sera curieux de connaître les motifs cachés qui font agir ceux qui l'entourent. Longue vie à ce natif, à moins de très mauvais aspects de Mars et de Saturne!

Sa neuvième maison, dans le signe du Verseau, lui attire souvent des amis étrangers, originaux, mais dont l'esprit tend à l'élévation, à un élargissement des connaissances humaines. Le natif est le plus souvent profondément croyant, et il croit aussi à la magie de l'esprit sur le corps et même sur la matière. Cette position fait qu'il attire souvent à lui les enfants des autres comme il peut être prêt à adopter des enfants venant d'un pays lointain. Il a le respect des enfants et, bizarrement, il lui arrive d'être plus attentif aux enfants d'autrui qu'aux siens, bien que le Taureau soit très paternel (ou maternelle).

Sa dixième maison se trouve dans le signe du Poissons. Ce natif voudra sauver l'humanité de ses maux, c'est pourquoi il s'oriente souvent vers le monde médical. Il aura tout de même beaucoup de mal à choisir l'objectif: le signe du Poissons étant un signe double, le natif hésite avant de s'engager ou alors il s'engage vers deux objectifs, mais il lui sera bien difficile de les atteindre tous les deux en même temps. Le plus souvent, il sera persuadé qu'il a une mission à remplir, mais laquelle? Son rêve, c'est de remettre le monde à l'endroit et de lui indiquer où se trouvent le bonheur, la libération de ses malheurs! Le but est noble et grand, comme il peut aussi être illusoire. Il arrive que ce Taureau-Gémeaux s'occupe ardemment des autres pour ne pas voir les problèmes qui l'habitent personnellement. Comme le Poissons est un signe d'épreuves, la carrière n'est pas facile à mener, les aspects de Neptune et de Saturne indiquent où se trouvent alors les difficultés.

Sa onzième maison se situe dans le signe du Bélier. Ce natif se fait des amis partout, mais ce n'est pas certain qu'il ait envie de poursuivre les relations. Il peut manquer à sa parole parce qu'il a oublié, parce qu'il n'a pas eu le temps. Dans sa jeunesse, il se laissera facilement épater par les beaux parleurs à qui il voudra s'attacher, mais un mauvais aspect d'Uranus ou de Mars peut lui réserver une désagréable surprise: peut-être ses amis sont-ils partis vivre sous des cieux plus exotiques.

Son Soleil se retrouve dans la douzième maison, ce qui entraîne notre Taureau dans des états de nostalgie et même de dépression, et certains auront plus de difficulté à en sortir. Mais, avec le Soleil en douzième, l'esprit évolue fortement si le sujet se dirige vers le bien, le bon, le meilleur. Un Taureau-Gémeaux qui serait plus égoïste pourrait lui-même s'empoisonner l'existence à ne vivre que pour lui.

Ce Taureau a envie de faire un tas de choses et d'apprendre tout, vraiment tout. Par où va-t-il commencer? Il n'en sait rien, il sait seulement qu'il a besoin de vivre entouré de gens, des gens nouveaux de préférence, il aime découvrir de nouvelles têtes.

La routine le ruine, il en perd sa spontanéité. Il ne marche pas, il sautille! Taureau, signe de terre, mais Gémeaux signe d'air, cela nous fait une bête plus légère, moins dramatique et plus rieuse, avec plus d'espoir, même un espoir naïf.

Sa vie n'est pas aussi facile qu'elle le paraît. Vouloir tout faire... un jour il faut s'y mettre et choisir sa place!

La sensibilité est grande, il y a aussi parfois sensiblerie, on s'en fait pour des petits riens. En fait, il s'agit d'une accumulation de petits riens qui engendre un gros drame tout à coup. Personne ne comprend ce qui s'est passé parce que, au moment où le Taureau éclatait, la situation n'en valait pas la peine. Mais lui, le sait; il a accumulé ses frustrations et il les sort toutes en même temps, comme une éruption volcanique!

Ce Taureau aime bavarder, mais il devra passer à l'action d'une manière plus assidue s'il veut réaliser ses rêves. Il a besoin de se donner une discipline. Quand on veut tout faire, il arrive que les priorités se mêlent et que, finalement, il n'y en ait plus du tout. Voilà qu'on arrive au bout de sa vie en se demandant encore qu'est-ce qu'on pourrait donc faire pour se réaliser. Le temps a passé, les expériences se sont accumulées, elles auraient dû servir à quelqu'un ou à une foule de gens!

Taureau-Gémeaux, pour réaliser vos rêves il faut passer à l'action!

TAUREAU ASCENDANT CANCER

Voici un gourmand, un gourmet aussi, un petit coeur sensible. Taureau, régi par Vénus... Cancer, par la Lune, L'AMOUR, L'AMOUR, L'AMOUR et le confort!

Il peut être naïf, il a besoin de tendresse comme un enfant, de compréhension, il est tolérant envers autrui, on peut lui taper sur la tête, il souffrira sans mot dire! C'est triste pour lui, tout de même. Quand on pense que les gens heureux ont bien raison de l'être!

On peut le rouler assez facilement quand il est jeune; après, ce n'est plus pareil, c'est lui qui vous embarquera pour la Lune! Son union et ses enfants occupent le centre de sa vie. S'il n'a pas ça dans sa vie, on se demande bien ce qu'il en fait. Il a besoin de donner tout cet amour qu'il possède en lui-même. C'est une personne de maison... une personne qui aime faire la cuisine, avoir une belle maison où tout le monde se sent chez soi, où personne ne manque de rien, pas même d'affection! Il voit à tout.

Il transporte avec lui une magie calme et reposante. D'un regard, quand vous lui demandez quelque chose, il vous le fait apparaître et il tiendra promesse.

TAUREAU ET SES ASCENDANTS

Par contre, il a peur de demander, il craint qu'on lui dise non. Aussi lui arrive-t-il de se priver de bonnes choses de la vie, tout simplement parce qu'il n'a rien demandé. Il peut être timide au point qu'il faut aller le chercher dans une conversation. Certaines personnes le croiront distant, alors qu'il n'en est rien. Approchez-vous et vous ressentirez ses vibrations, il veut vous aimer et c'est gratuit.

Sa deuxième maison, qui se trouve dans le signe du Lion, représente l'argent, argent souvent gagné dans un milieu artistique ou qui a quelques rapports avec les arts. Le plus souvent il aura une place d'organisateur, de conseiller. Habile dans les spéculations, il peut avoir l'air naïf, l'air de se «faire embarquer», mais ne vous y trompez pas, il est plus fin que vous pensez lorsqu'il s'agit de questions financières. Il sait se protéger et protéger ceux à qui il tient. Comme Taureau, il aime l'argent et la sécurité que cela apporte, mais il ne craint pas les grosses dépenses, surtout s'il s'agit de ses enfants. Il est prêt à tout leur donner, ou presque; ils ne manqueront de rien avec lui. Il a des goûts de luxe et il sait les satisfaire; il est capable de fournir un gros effort de travail, de faire des économies jusqu'à ce qu'il soit en possession de son rêve matériel. Après, bien sûr, il en aura un autre. Il est insatiable en ce qui touche son mieux-être. Plus, plus beau, plus grand...

Sa troisième maison se retrouve dans le signe de la Vierge. Son imagination travaille, les idées fourmillent. Il lui arrive d'hésiter avant d'émettre ses opinions: il n'est pas certain qu'elles soient justes et précises. Fort habile à démêler les papiers, à sélectionner, un travail dans un monde de communication, indiqué par les aspects de Mercure, lui convient bien. Peu expansif, il aime rencontrer de nouvelles personnes; ça lui permet d'étudier les divers spécimens qui existent sur terre. Il connaît une foule de gens et il les connaît plus profondément qu'il ne le dit, car il a un sens aigu de l'observation et une excellente mémoire. Il a le don de pouvoir analyser des besoins ou des désirs de masse. Ce natif devient très bavard quand il se sent en confiance, quand il est sûr que vous ne serez pas négatif face à ses désirs qui pourraient parfois paraître sortir tout droit d'un conte de fées. Il pourra vous expliquer son plan de A à Z. Si vous riez, s'il ressent que vous avez des doutes sur ses capacités, il se taira en émettant une sorte de petit claquement de pinces de crabe et en donnant un coup de sabot de Taureau! Si vous entendez ces bruits, soyez averti que vous aurez ri pour rien!

Sa quatrième maison se retrouve dans le signe de la Balance. Son foyer est généralement bien beau, il aime l'ordre, les beaux meubles, l'élégance. Il peut lui arriver de vivre avec une personne qui ne sait pas encore si oui ou non elle veut des enfants. La quatrième maison étant celle du Cancer, de la famille, et la Balance, celle du conjoint, Cancer-Balance entrant en quadrature, il en résulte souvent que le conjoint de ce natif met un temps certain avant de fonder une famille. Ce conjoint est souvent une personne indépendante, plus tournée vers la société que vers la famille, et qui ne sait pas toujours au juste ce qui serait le mieux. La Balance étant aussi le sixième signe du natif, il arrive que ce dernier travaille chez lui ou ait une compagnie qu'il dirige à partir de chez lui. Possibilité également que le conjoint participe à ce travail, dans le dernier cas.

Sa cinquième maison, dans le signe du Scorpion, n'est pas la position idéale pour faire des enfants. Ce peut être que le natif n'en veut pas ou que son partenaire refuse. L'amour, dans ce couple évolue difficilement, bien que ce natif soit passionné. Il exprime mal ses besoins sexuels et ses besoins affectifs, il aura tendance à se replier sur lui-même, il idéalise l'amour plus qu'il ne le vit réellement. Il place l'autre sur un piédestal et se regarde lui-même dans un miroir déformant. Il arrive que certains de ces natifs se sacrifient pour l'amour, par amour, se dévouent au conjoint, au partenaire, mais n'en retirent pas autant qu'ils ont donné.

Sa sixième maison, celle de la maladie et du travail, se retrouve dans le signe du Sagittaire, ce qui peut lui occasionner des déplacements pour son travail. Généralement, il est chanceux quand il veut obtenir un changement d'emploi, une promotion. Il a le sens de l'innovation, bien qu'il fasse preuve de timidité lorsqu'il doit exprimer ses opinions. La vie à l'étranger très souvent ne lui convient pas; il risque alors d'attraper une maladie ou de subir un malaise. Il est bien chez lui, dans son lieu natal, à moins d'aspects tout à fait contradictoires dans sa carte natale. Il est capable de se dévouer et même de soigner des gens qui viennent de l'étranger. Ses relations avec l'étranger ont le plus souvent un rapport de services à rendre ou d'une visite protocolaire.

TAUREAU ET SES ASCENDANTS

Sa septième maison, celle de son conjoint, se situe dans le signe du Capricorne. Il peut parfois s'agir d'une personne plus âgée ou d'un partenaire ambitieux, un tantinet froid, plus occupé que l'autre à dépenser son énergie en vue de la réussite. Le mariage peut reposer sur des motifs étranges chez ce natif déterminé par les aspects de Saturne et de Vénus, aussi il n'est pas toujours une grande réussite intime, mais il est une réussite sociale: il paraît bien aux yeux des autres et cela lui convient ou il s'en accommode. Ce Taureau-Cancer est conformiste et traditionnel, il respecte les rites et usages du pays qui l'abrite. Si, pour lui, la tradition lui dit de se taire dans sa vie de couple, il le fera longtemps; il faudra presque qu'il arrive à un point d'usure morale totale pour s'échapper d'une situation qu'il a du mal à vivre. Il touche le bonheur à la maturité, souvent après la quarantaine. Il réalise qu'il n'a pas à souffrir et comme il a beaucoup donné, il reçoit beaucoup.

Sa huitième maison, dans le signe du Verseau, lui réserve parfois la mauvaise surprise de constater qu'on le trompe, mais il n'aime pas le divorce, ni les séparations, parce qu'il s'attache à l'autre et aussi parce qu'il aime bien poursuivre la tradition! Ce natif est un grand croyant. Il a souvent un talent de visionnaire, il voit mal chez lui, mais il voit bien pour les autres. Généralement, les changements sont plutôt radicaux dans sa vie. Si d'autres planètes le confirment, Verseau symbolise également les enfants des autres, et le Scorpion, la mort. Il peut sauver la vie des enfants des autres, comme il peut arriver qu'il aille les chercher bien loin de son lieu natal ou même, dans certains cas, qu'il soit en situation de sauveur d'enfants, sans l'avoir recherché, ou qu'il prenne les enfants des autres à sa charge. Position qui implique une lutte avant d'atteindre son objectif matériel.

Sa neuvième maison, maison aussi très spirituelle se retrouve dans le signe du Poissons, ce qui vient encore une fois donner une dimension profonde à l'esprit et la pensée de ce Taureau. Le but général de sa vie est humaniste, mais il ne s'oubliera quand même pas. En tant que Taureau, il sait très bien protéger sa sécurité et sa vie, mais il y a au fond de lui, et qui finit toujours par faire surface, un missionnaire, un donneur, un être profondément touché par la misère d'autrui. Il refuse la méchanceté, il n'est pas vengeur; même après avoir subi un affront, il regardera en lui-même et excusera l'autre de sa maladresse, ou presque. Peut-être dira-t-il sous le coup de l'emportement que l'autre «va y goûter»; seulement, peu de temps après, la sagesse lui fait signe... et non plus la colère!

Sa dixième maison, son but, son objectif, se trouve dans le signe du Bélier. Ce natif est très ferme quand il prend des décisions à caractère financier. Il est ambitieux sans toujours en avoir l'air. La position de cette maison est puissante puisque le Bélier est régi par Mars et que Mars se trouve exalté dans la dixième maison; aussi ce natif, le plus souvent, atteint l'objectif qu'il s'était donné. Il occupe souvent un poste de «patron», un bon patron qui sait reconnaître celui qui a du talent et comment il pourrait aider ce dernier à progresser et en même temps fournir un meilleur rendement pour son entreprise. Jeune il aura un grand esprit d'initiative. Parfois le manque d'expérience lui fera commettre quelques imprudences, mais il retiendra la leçon, soyez-en certain, et il ne refera jamais deux fois la même bêtise.

Le Soleil de ce natif se retrouve dans la onzième maison, ce qui fait de lui une personne recherchée et aimée par son entourage. Il pourra toucher à la politique ou à toute autre organisation sociale. Il s'accommode très bien du public malgré son apparente timidité. Il se faufile partout et se fait toujours accepter là où il passe. De temps à autre, il laisse voir qu'il a de l'autorité et ça fonctionne... à son propre étonnement! Comme le Soleil est dans la onzième maison, cette position confirme encore une fois que souvent le natif se retrouve avec les enfants des autres. Il peut épouser une personne qui en a, ou en adopter. Compréhensif et tolérant envers le genre humain, il fait un bon psychologue.

Dans son milieu intime, dans sa vie quotidienne, il mettra longtemps avant de se débarrasser de sa mauvaise habitude de donner des ordres, ce qui peut lui valoir de mauvais points. Ou, si de mauvais aspects de Saturne interviennent, on peut aussi le quitter! Il n'est pas rare de trouver des Taureaux ayant le Soleil en onzième maison dans le monde de la télévision, de la radio, de la musique, de l'édition, ce qui leur permet d'une certaine façon de toucher un grand public. Ce Taureau aimera prendre l'avion et se rendre dans un pays qu'il ne connaît pas. Bien que timide, il s'y fera des amis vers qui il pourra retourner.

Sa douzième maison est dans le signe du Gémeaux. Ses épreuves lui viennent du fait qu'il dit tout ce qu'il pense dès qu'il se trouve en face d'une injustice ou de quelqu'un qui pourrait en commettre une! Il ferait bien d'apprendre à se taire un peu plus longtemps sous le coup de l'émotion, ses paroles peuvent dépasser sa pensée. Ce natif pourrait être sujet à des problèmes de bronches, de rhume. De temps à autre il se laisse aller à une certaine mélancolie et, à certains moments, il a besoin de témoins! On l'écoute, mais on pourrait aussi, éventuellement, se servir de ses plaintes contre lui. Il ne dit jamais totalement la vérité sur ce qui le hante ou le blesse, on peut toujours inventer le reste à sa place et l'interpréter. Il lui arrive aussi de rencontrer des gens qui font son jeu et ne lui disent que la moitié de ce qu'il serait supposé savoir!

Bien que ce natif soit le plus souvent généreux, il lui arrive de se buter et de se replier sur lui, de se fermer à toute nouvelle connaissance ou ouverture sur le monde... voilà qu'il croit alors être le seul à avoir raison...

TAUREAU
ASCENDANT
LION

Nous avons une bête à cornes, et une bête sauvage à l'ascendant! Ce n'est pas drôle tous les jours, surtout si les deux s'énervent en même temps parce qu'il y a de l'orage dans l'air. Taureau, signe de terre, Lion, signe de feu. Trop de terre sur le feu, ça l'éteint, la passion se dessèche, une terre brûlée par les rayons solaires, alors tout finit par se déshydrater, surtout l'amour!

Alors, qu'est-ce qu'on fait quand on a un tel ascendant? Double signe fixe, on a la tête dure, et on n'écoute pas tellement ce qu'on nous dit. Les conseils, Taureau-Lion, vous en prenez très peu, mais vous êtes prêt à en donner à profusion. Double signe fixe, vous passez bien avant les autres. Ne devez-vous pas toujours être le premier? N'a-t-on pas inventé la planète terre pour vous? C'est à peine si on se rend compte sous ce signe et cet ascendant qu'on est exigeant à ce point. Double signe fixe, endurance et ténacité vous marquent de leurs empreintes! Puis vient un temps où vous vous apercevez qu'il faut de la patience, de la diplomatie et qu'il est important de donner de son attention à autrui... cette fois vous êtes capable de tomber dans l'extrême générosité, de vous «faire avoir», comme on dit couramment. Un beau matin vous vous réveillez et décidez que vous en avez assez de votre naïveté: expérience des extrêmes à l'appui, voilà enfin l'équilibre!

Vous êtes généreux, mais quand ça vous tente, quand vous avez besoin qu'on s'intéresse à vous. Vous oubliez parfois de vous mettre à la place des autres, de ceux qui ont une première place dans leur propre vie. Encore une fois, ce comportement n'est pas conscient au début de la vie. La force de réflexion étant puissante, vous faites le bilan des pour et des contre et vous vous ajustez.

Double signe fixe, quand vous vous alignez vers un but vous l'atteignez, vous marquez des points dans la carrière. Double signe fixe, qui peut être aussi tenace que vous sinon un autre double signe fixe?

Votre ascendant vous rend orgueilleux au point qu'on peut vous faire marcher par la flatterie, et voilà qu'on vous roule. Dans toute cette force que vous dégagez, vous avez la faiblesse de croire que vous n'avez jamais réussi. Vous êtes ambitieux au point que vous en oubliez de vivre votre vie intime.

En amour vous êtes surpris si on vous quitte quand ça va mal. En fait, vous n'avez pas pris soin de l'autre; vous aviez le temps de le faire, mais vous étiez certain que c'était ce que l'autre voulait.

Sous votre signe, l'angoisse fait partie du quotidien. Avec un ascendant Lion, il y a toujours un côté créateur et c'est souvent cette angoisse qui alimente votre création. Mais ce n'est pas drôle pour vous, et pas toujours non plus pour ceux qui vous entourent.

Double signe fixe, vous êtes fidèle, on peut vous avoir pour ami pour la vie. Vous êtes buté aussi, même dans l'erreur, même quand tout le monde vous a dit que vous faisiez fausse route.

La deuxième maison se trouve dans le signe de la Vierge. Les gains s'effectuent par la nature de Mercure, la carte natale en donne la précision. Le natif doit travailler pour gagner son argent, il ne le vole pas, il le mérite. Souvent il aura deux sources d'argent, deux emplois. La créativité est présente dans le cas de l'artiste, aussi manquera-t-il rarement de travail. L'homme ou la femme d'affaires qui a ce double signe fixe, Taureau-Lion, sait toujours s'imposer et gagner les batailles qu'il ou elle entreprend. La Vierge étant en bons aspects avec le Taureau, il arrive au natif d'être très dépensier après avoir décidé d'économiser! Son signe l'incitant à ne dépendre de personne, quand l'argent s'est envolé le voilà prêt à travailler deux fois plus fort pour récupérer!

Sa troisième maison, dans le signe de la Balance, fait de cette personne un esprit rapide: repartie vive, qui peut aussi être comique, qui sait détendre les autres, les mettre à l'aise. L'intelligence est aiguisée. L'esprit est observateur, le sens du détail est présent surtout en ce qui a trait aux comportements des gens de l'entourage, des amis. Le sujet aime les mettre à l'aise. Naturellement, il peut aussi se fâcher. Le Taureau-Lion n'aime pas vraiment être contrarié, mais il se fera un plaisir de venir en aide à ses amis dans la détresse. Position qui donne à l'intelligence un grand sens artistique, une vision à la fois du détail et de l'ensemble d'une même chose, qui pousse le natif à rechercher un conjoint communicateur, pour ne pas dire bavard à ses heures. Le Taureau-Lion a besoin de parler, de discuter de ses sentiments, de leurs changements. Il a cette nette sensation que rien ne peut être comme hier, il faut qu'il en parle. Il aime les discussions philosophiques. Observateur du comportement humain, il découvre beaucoup, autant chez autrui que chez lui-même. Plus il vieillit, plus il devient sage. L'adolescence est souvent marquée par un grand amour qui ne trouve pas toujours l'issue que ce Taureau attendait, d'où déception et très longue réflexion.

Sa quatrième maison, celle du foyer, se trouve dans le signe du Scorpion. Très souvent aussi le foyer de naissance représente un lieu de douleur, une épreuve avec l'un des deux parents ou avec les deux. Le natif tentera de rejeter ce qu'on veut lui apprendre de force. Il ne supportera pas l'autorité parentale qui souvent est trop sévère et manque d'ouverture face à ce sujet. Il pourra, dans certains cas, subir une certaine violence ou alors se sentir possédé par l'un ou par les deux parents. Le foyer a souvent des secrets douloureux dont le natif parle très peu. La sexualité a joué un rôle important dans sa jeunesse; il n'est pas rare qu'il ait subi très jeune des attouchements charnels immoraux de la part de l'un des parents ou d'autres membres de sa famille. Il voudra très tôt quitter son foyer. Mais en même temps il sera tenté d'aller voir pourquoi rien n'était jamais clair dans son milieu de naissance. Ce natif peut développer de grandes peurs, la nuit plus particulièrement, et certains peuvent souffrir d'insomnie. Cette quatrième maison appartient à la Lune, l'imagination, dans le signe du Scorpion, qui représente le mystère, la sexualité, l'alcool, la nuit, la drogue. Juste en face du Taureau, le Scorpion étant aussi le septième signe du Taureau, il arrive alors que ce natif rencontre des amours obscures, des gens qui souffrent et qui le font souffrir. Cette position, quatrième maison, la Lune, étant la nourriture, il est facile pour ce sujet d'engraisser plutôt que de faire face à ses peurs, le plus souvent la peur d'être délaissé, de se retrouver seul face à l'univers qui bouge sans cesse. Il admet l'évolution, les mutations, mais il voudrait que ce soit à son rythme, ce qui n'est pas toujours le cas.

Sa cinquième maison, dans le signe du Sagittaire, crée des attirances pour les gens qui viennent de loin, les étrangers. L'amour est idéalisé. Cette cinquième maison est aussi la huitième du Taureau. Il arrive que le natif vive un désenchantement amoureux qu'il mettra du temps à oublier, la mémoire du Taureau étant puissante. Il peut aussi arriver qu'il vive éloigné du partenaire, à l'étranger, pour des raisons professionnelles. Fortement attiré par les arts, il peut soit faire des acquisitions à l'étranger, soit y travailler et obtenir un succès important. Après, il pourra dire que, véritablement, nul n'est prophète dans son pays! C'est sans doute un Taureau-Lion qui l'a inventée, cette maxime. L'étranger représente pour lui non seulement une transformation de sa vie extérieure mais également de sa vie intérieure. Comme si les deux se liaient pour l'aider à dissiper ses peurs. Position qui lui donne une puissante intuition et même des aperçus de l'avenir.

Sa sixième maison, celle du travail ou de la maladie, se trouve dans le signe du Capricorne, ce qui confirme une fois de plus son endurance au travail. Ce natif est prêt à commencer au bas de l'échelle qu'il gravira lentement mais sûrement.

D'une grande résistance physique, des aspects de Saturne et de Mercure déterminent alors son état de santé. Il peut être un angoissé, mais il a suffisamment de maîtrise pour dominer ses émotions dans les moments importants, surtout ceux où il joue sa carrière. La ligne de travail est généralement choisie d'une manière fixe vers vingt-sept ans. À partir de ce moment, il s'orientera vers le sommet.

Sa septième maison, celle du conjoint, dans le signe du Verseau, lui fait rechercher les êtres particuliers, originaux, vraiment pas comme les autres, qui se détachent même d'un groupe. Un partenaire mystérieux l'attire. Ce natif peut également être attiré par des personnes qui ont des attitudes sexuelles dépravées. Cette septième maison, en Verseau, en aspects négatifs avec le Soleil du Taureau dans la plupart des cas, met toujours la relation en danger. Explosion uranienne, la rupture est soudaine, inattendue. Le sujet trompe ou est trompé. La vie de couple n'est pas facile car, la plupart du temps, ce natif place sa carrière loin en avant de sa vie intime et, là-dessus, il n'est pas prêt à faire de nombreuses concessions. Son indépendance et son autonomie financière prennent une place importante. Le Taureau, bien que signe de Vénus et de l'amour, est aussi le symbole de l'argent dont il ne veut pas manquer. Il arrive souvent, si ce natif a fait un choix de carrière, que ce soit aux alentours de la quarantaine qu'il trouve la véritable fixité amoureuse, autant en lui-même que face à l'autre.

Sa huitième maison se trouve dans le signe du Poissons. Le Taureau-Lion peut être fortement attiré par l'astrologie, les sciences occultes et, dans certains cas, la magie noire, les aspects de Neptune et de Pluton nous l'indiquent clairement. Avec de mauvais aspects de Neptune, la drogue et l'alcool peuvent exercer un sérieux attrait sur le natif, mais il est rare qu'il y reste «accroché». Il est généralement perceptif. Il peut arriver aussi qu'il développe un certain fanatisme face à la religion ou aux dogmes. Sa nature de chef fait qu'il insiste pour qu'on le suive. Il peut développer une foi aveugle ou s'opposer radicalement à une religion ou une philosophie qui n'entrent pas dans sa ligne de pensée. Cette position est aussi celle de la sexualité. Les besoins, à un moment, priment sur la raison, et tout à coup le natif se prive totalement parce qu'il ne vit qu'avec sa raison. On peut dire qu'à un moment de sa vie il peut naviguer entre la grande permissivité sexuelle et, à un autre, dans la sainteté ou, plus simplement, la continence!

Sa neuvième maison, celle des voyages, se retrouve dans le signe du Bélier. Voyages décidés à la dernière minute. La nature de ces voyages est indiquée par la position de la planète Mars dans la carte natale: un Mars en Vierge, prompt déplacement à l'étranger pour le travail. S'il s'agit d'un Mars en Scorpion, il est possible que le natif aille à l'étranger pour une opération, les organes génitaux étant en jeu. Un Mars en Balance pourrait indiquer que le natif décide tout d'un coup d'un voyage d'étude ou d'aller rejoindre une personne aimée qui se trouve à l'étranger, et ainsi de suite. Cette neuvième maison, dans le signe du Bélier, indique la chance à l'étranger, souvent des dénouements rapides aux attentes du natif. Ce peut également être un coup d'argent fait à l'étranger. Mais comme le Bélier est aussi le douzième signe du Taureau, notre natif pourrait se sentir inquiet et tourmenté à l'étranger alors qu'il aurait le vif désir de rentrer malgré la réussite qu'il peut vivre.

Le Soleil se trouve donc dans la dixième maison de ce natif, ce qui en fait un gagnant dans l'entreprise qu'il a choisie. Ascension lente mais certaine, à moins d'aspects adverses et fortement négatifs. Le sujet aime la gloire, il aime se mesurer aux autres. Il a besoin de la reconnaissance publique, c'est sa manière à lui de prouver qu'il est quelqu'un. L'orgueil ne manque pas sous ce signe. Il a même intérêt à prendre quelques leçons d'humilité. En fait, nul n'a besoin d'en chercher; au détour de la vie, il y en a toujours une si on n'a pas observé les règles du respect que l'on doit à chacun, qu'il soit grand ou petit. Position qui confirme le sens de la continuité dans la sphère de travail choisi: lutte pour l'ascension et le succès.

Sa onzième maison, dans le signe du Gémeaux, lui permet de se faire des amis partout. Il aimera les enfants, les siens, ceux des autres. C'est une personne sociable en société et qui passe partout parmi tout le monde. De commerce agréable, il sait être informé de ce qui se passe dans cet univers. L'originalité dans la créativité est présente chez lui, le sens de l'innovation allant même jusqu'à une certaine marginalité. Le sujet est souvent doué pour l'écriture, mais il arrive qu'il soit tout d'abord incompris. Le temps joue alors en sa faveur. Il peut lui arriver de mélanger la vraie philosophie avec une philosophie de pacotille. Le temps, une fois de plus, lui ouvre la vue. Souvent l'amour commence par une relation d'amitié, étant donné qu'il possède sa septième maison en Verseau et que la onzième est dans le signe du Gémeaux. En cas de rupture, le natif demeure ami finalement avec la personne qu'il a tant aimée et en tant que Taureau, s'il y a investi tout son amour, il a bien du mal à oublier, à tourner la page. Il aimera la présence des gens du type intellectuel qui lui apprendront quelque chose de neuf, qu'il s'agisse de son mieux-être intime ou de son travail.

Sa douzième maison, celle de l'épreuve, se trouve alors dans le signe du Cancer d'où l'aspect, encore une fois, d'une possibilité de vivre une épreuve familiale. Souvent le sujet sera totalement incompris de ses parents. La jeunesse de ce natif peut être marquée par une sorte de réclusion, pensionnat, ou les parents l'ont confié à d'autres membres de la famille. Il peut aussi s'agir d'une naissance en milieu pauvre et défavorisé qui n'a apporté aucune sécurité à ce Taureau-Lion.

Taureau-Lion est naturellement un être excessif, double signe fixe. Il ne fait rien à demi et si, à tout hasard, nous avions affaire à un de ceux qui mènent une vie contraire aux chances que la vie lui offre, nous avons là un être bien malheureux, autodestructif.

Taureau-Lion, vous avez besoin de spiritualité pour évoluer, pour dépasser la matière. La vérité n'est pas toujours dans ce qu'on touche ou dans ce qu'on voit. L'invisible fait partie du quotidien, vous en avez le sentiment et les pressentiments; seulement, il arrive que vous vous laissez prendre par des illusions, parce que votre foi est faite de superstitions, ou que vous n'avez qu'une seule vision, celle de la gloire, de l'argent, de la puissance sur autrui. Qui, croyez-vous, les forcera à vous aimer? Illusion totale. Quand vous êtes aimé, c'est pour vous-même, non pas pour ce que vous représentez, mais si, à tout hasard, vous vous étiez fait une représentation de vous-même, vous poussant à vous aimer vous-même, pour ce que vous faites, vous détournez les gens de vous-même. Plutôt que de s'intéresser à vous, ils s'intéressent uniquement à ce que vous faites. Vous aurez créé toute la situation en la focalisant sur votre carrière, votre puissance, vos avoirs, et on ne peut ni impressionner ni acheter qui que ce soit, surtout pas l'amour. L'amour ne se laisse impressionner que par l'amour.

  **TAUREAU
ASCENDANT
VIERGE**

Honnête, sincère et droit, on peut compter sur lui. Double signe de terre, il est réaliste et infatigable au travail, et ne manque pas d'imagination non plus. Taureau, signe fixe, 1; Vierge, signe double, 2 = 3 personnes. Il se peut qu'il y ait des hésitations à l'intérieur de cette personne.

Son signe double lui donne le goût de multiples entreprises, toutes aussi réalistes et payantes les unes que les autres. Mais par laquelle faut-il commencer? Vierge, l'intelligence, la raison avec sa part d'imagination et de sensibilité, qu'est-ce qu'on en fait quand ce signe est associé à un signe de Vénus, l'amour, l'argent, la création, la sécurité?

Une chose est certaine: il faut que ce Taureau fasse quelque chose qui soit utile à une masse et qui rende service, qui soit beau... et qui rapporte!

Double signe de terre, il s'éveille lentement aux sentiments, et il se «fait aussi marcher dessus». Mais, attention: une éruption volcanique, un fort tremblement de terre, ça pourrait sérieusement ébranler ceux qui en profiteraient un peu trop. Double signe de terre et la Vierge qui représente le service aux autres: ce signe et cet ascendant, ça fait une drôle de bonne personne!

69

TAUREAU ET SES ASCENDANTS

On en abuse quand il est jeune, on l'exploite assez facilement. Le Taureau se laisse prendre aux charmes qui demandent, et la Vierge n'est pas capable de refuser un service.

Sa deuxième maison, celle de l'argent, dans le signe de la Balance, peut le rendre parfois irréaliste en ce qui concerne l'acquisition des biens, il voudrait que ça tombe du ciel. La Balance étant un signe d'air qui représente aussi le conjoint, le plus souvent ce natif aura un partenaire amoureux gagnant bien sa vie et parfois mieux que lui-même.

L'argent peut être gagné par les arts ou par un travail créatif. La Balance étant un signe de raison bien que régi par Vénus, le natif s'engagera le plus souvent dans un travail raisonnable qui fait appel à la logique. Ce natif a grand besoin de contact avec autrui. En fait, c'est surtout de cette manière qu'il arrive à bien gagner sa vie. Il arrive souvent que ce natif ait peur de demander trop d'argent pour les services qu'il rend. L'ascendant Vierge lui apporte beaucoup d'humilité et même une sous-estimation de lui. La Balance veut être juste, ce qui le fait hésiter à prendre une décision au moment d'une vente ou d'un contrat d'engagement. Le temps jouant en sa faveur, le natif en arrive un jour à obtenir justice, au moment où il est persuadé de sa valeur, de ses compétences.

Sa troisième maison se trouve dans le signe du Scorpion. L'esprit est incisif; il peut aussi, à ses heures, devenir cynique dans ses paroles. Habile à discerner le vrai du faux devant les discours qu'on lui tient, il sait parfois au plus profond de lui-même que la personne qu'il a devant lui n'est pas honnête, et tout à coup le voilà en train de faire des affaires avec... on l'a eu au sentiment, à la culpabilité, on lui a fait peur... Il devient extrêmement méfiant devant les gens trop expressifs, du genre de ceux qui en rajoutent, surtout s'il en rencontre beaucoup! Il a peu d'amis.

L'adolescence comporte parfois un traumatisme dans la prise de conscience de sa sexualité. Les interdits sont puissants sous ce signe dans la jeunesse; il peut alors devenir un «refoulé» ou quelqu'un qui ne sait pas demander sa part d'affection au partenaire, mais comme il est un double signe de terre, il est patient et capable d'attendre qu'on veuille bien lui être agréable. Position qui le pousse à certains moments, surtout quand la Lune le porte à broyer du noir, à n'additionner que ses fautes... Il s'ensuit une légère dépression, ou parfois une grande dépression si d'autres planètes passent aussi dans le signe du Scorpion. De temps à autre il souffrira d'un complexe d'infériorité par rapport à son conjoint, il ne se sent pas à la hauteur, il lui trouve plus de qualités qu'il n'en a et se dévalue à un point tel que le partenaire pourrait bien abuser de son autorité, ou pseudo-supériorité!

Sa quatrième maison, celle de son foyer, dans le signe du Sagittaire, représente souvent un foyer original en quelque sorte, où il apprend la sagesse qui lui servira dans sa trente-cinquième année. Ses parents le plus souvent lui inculqueront de précieux principes moraux. Un ou des membres de sa famille pourront occuper un poste prestigieux, et comme le Sagittaire est la huitième maison de son signe solaire, il se peut qu'un des siens intervienne afin de lui faire franchir une autre étape de sa carrière. L'influence peut être matérielle, intellectuelle ou spirituelle. Ses parents lui fourniront un confort souvent néfaste parce qu'il risque de s'endormir pendant quelque temps. Ce double signe de terre est stable; il faut parfois un tremblement de terre pour le faire bouger. Avec sa quatrième maison en Sagittaire, il arrive que son foyer de naissance reçoive des visiteurs étrangers, des visiteurs qui peuvent l'aider et, avec de mauvais aspects, qui peuvent lui nuire. Avec de bons aspects, le foyer de naissance peut être aussi accueillant qu'un hôtel: on y reçoit beaucoup et le natif peut observer la différence entre toutes ces personnes, ce qui lui permet d'affiner son jugement.

Sa cinquième maison, dans le signe du Capricorne, est la maison de l'amour dans un signe froid. Ce natif est souvent un candidat au célibat ou à une union tardive. Il sera attiré par un partenaire plus âgé, soit physiquement plus âgé, soit par son comportement. Le Taureau sent généralement le besoin de s'unir à quelqu'un de très jeune. Si le mariage a lieu dans la vingtaine, la vie du couple ne sera pas sans connaître de nombreux bouleversements. Le Taureau n'étant pas un signe de divorce, s'il réussit à maintenir son union, c'est qu'alors lui et l'autre s'y seront presque désespérément accrochés. Le sujet sera très attaché à son père pour qui il aura un «saint» respect, à moins de sérieuses afflictions dans sa carte natale. Il ne devient souvent parent que tard dans la vie, ou il arrive qu'il conçoive un enfant alors qu'il a atteint sa maturité. Face à ses enfants, il saura assumer ses responsabilités sérieusement. Il se comportera comme un père avec tous les enfants, ceux des autres également. Il pourra être moralisateur.

TAUREAU ET SES ASCENDANTS

Sa sixième maison, celle du travail, dans le signe du Verseau, provoque une attirance pour les carrières du type uranien, principalement les ordinateurs, la radio, le cinéma, et tout ce qui touche la technologie moderne. Son vif désir est d'atteindre la masse à travers son travail, de lui rendre un service unique. Ses idées sont souvent originales. La sixième maison dans un signe uranien fait qu'il lui arrive d'avoir ce que certains appellent des idées folles. Ces idées peuvent être en avance sur celles de son temps et il peut être incompris quand il propose une réorganisation du travail ou une nouvelle technique. Comme le Verseau, sa sixième maison, est en aspect de carré avec son Soleil en Taureau, des conflits au travail peuvent surgir soudainement, sans qu'il s'y attende. Le Verseau étant la dixième maison du Taureau, ce natif peut vivre, sans même qu'il le veuille ou s'en rende compte, une sérieuse compétition avec ses patrons, les haut placés, ceux qui ont le pouvoir.

On reconnaît son talent, il est différent et il pourrait faire basculer l'ordre établi; aussi devient-il une menace pour certains «bureaucrates» qui ne font rien d'autre que constater que leur chaise à bascule «de neuf à cinq» est confortable! Notre dévoué Taureau-Vierge les dérange et voilà que, avec de mauvais aspects d'Uranus principalement, on le congédie. Mais c'est un signe fixe, double signe de terre, il reviendra assurément, mais autrement. Et il prouvera qu'il avait raison. Un double signe de terre ne démissionne pas, il sort par une porte et il entre par une autre.

Sa septième maison dans le signe du Poissons lui fait souvent choisir un partenaire faible ou mal assuré, bien qu'il gagne confortablement sa vie. Il se chargera, avec toute l'affection dont il dispose, de réconforter son partenaire et de le rassurer car ce dernier sera parfois enclin à la dépression. L'union est souvent scellée pour des motifs mystérieux que le natif n'arrive pas à s'expliquer, union karmique, cycle qu'on n'a pas achevé, qu'on ne peut contourner, dette que l'on doit rembourser! Le partenaire sera aussi très souvent un être intuitif qui a du mal à croire en son intuition et qui renie de temps à autre sa sensibilité. Sa septième maison dans son signe double lui fait souvent rechercher un partenaire aux humeurs changeantes dont il s'accommode parce que son ascendant Vierge se met alors à en rechercher la raison et à l'excuser! Malheureusement, il est souvent deuxième dans son union et il arrive que le feu qui dort à l'intérieur de son signe de terre explose... Il mettra beaucoup de temps avant d'affirmer qu'il veut rompre ou divorcer. Le mariage, l'union dans le signe du Poissons est souvent une épreuve pour le natif, un moyen aussi d'élever son âme et de développer une plus grande générosité. Comme le Poissons est en bons aspects avec le Taureau, si le partenaire tient à son Taureau, ensemble ils pourront traverser l'épreuve et même vivre une vie de couple harmonieuse et échapper au terrible divorce; le Taureau, d'ailleurs le supporte bien mal et cela suscite chez lui un profond sentiment d'échec dont il peut se culpabiliser longtemps. En cas d'échec, il aura tendance à en prendre toute la responsabilité... C'est se donner beaucoup d'importance.

Sa huitième maison est dans le signe du Lion. Il peut arriver qu'il n'ait pas d'enfants, ou que surviennent des problèmes assez sérieux qui le tiendront occupé à cause de ses enfants, surtout avec de mauvais aspects de Mars, de Pluton et du Soleil. La huitième maison étant celle de la mort et le Lion représentant les enfants, il peut soit perdre un enfant soit s'occuper d'orphelins ou d'enfants dans la douleur ou isolés de leurs parents. Les épreuves de la mort ont un effet tragique sur lui, surtout s'il a aimé la personne disparue. Il a du mal à admettre la mort comme allant de soi après un cycle de vie, quelle que soit sa durée. Ce natif vit intensément sans le laisser paraître. Il camoufle si bien ses états émotifs et passionnels qu'à certains moments les témoins de sa vie pourraient croire qu'il ne ressent rien, qu'il contrôle tout. Détrompez-vous! Il aimerait trop les contrôler réellement.

Quand il vit un traumatisme il en est même obsédé et, encore une fois, cette position peut l'emmener à vivre des états dépressifs. Le Lion, le quatrième signe du Taureau, symbolise le foyer; allié à cette huitième, on peut dire que le foyer est en mutation continuelle, en évolution, en transformation, et quand il a des enfants, ce sont eux qui forcent le renouvellement du natif, et il l'accepte par amour. Il peut même être si attaché à sa famille qu'il supporte bien des contrariétés qui viennent d'elle. Certains peuvent nuire à leurs propres besoins, à leur carrière, parce qu'ils donnent trop d'importance à ce que la famille pensera!

Son Soleil se trouvant dans la neuvième maison, ce natif sera fortement attiré par les étrangers et il aura toujours envie d'aller séjourner ailleurs, hors de son pays natal, pour vivre un exil, un dépaysement; mais, en tant que Taureau, il mettra du temps avant de prendre cette décision. Le plus souvent il se contentera d'y rêver! Généralement, il connaît l'explosion, la réussite de son entreprise vers sa trente-cinquième année. Son Soleil dans la neuvième maison lui fait voir la vie en couleurs malgré ses obstacles de parcours. Il garde espoir et comme il est tenace comme un Taureau se doit de l'être, il finit par avoir raison d'avoir cru à son idéal. Je vous l'ai dit plus haut, il n'est pas sans passer par des périodes noires que son imagination fertile lui fait noircir davantage.

Sa dixième maison, dans le signe du Gémeaux, le fait souvent hésiter dans ses objectifs et le rend inconstant dans ses atteintes. Il doit éviter de se fier à autrui dans son entreprise et ne s'appuyer en réalité que sur sa seule force. Il lui arrive de rencontrer des gens qui promettent et ne tiennent pas parole. Bizarrement, il le savait, mais il a quand même risqué.

Cette maison Capricorne, dans le signe du Gémeaux, lui fait garder une attitude juvénile, celle d'un adolescent prêt à partir à l'aventure. Il peut même être naïf alors qu'au fond de lui il avait vu le danger, le mensonge. Il arrive que les gens plus âgés profitent de ses services sans savoir le remercier. Il voudrait embrasser deux carrières, mais il lui est difficile de choisir. Il reste fixé sur ses rêves de jeunesse dont il a du mal à s'extirper. Comme la foi soulève les montagnes et qu'il sait s'accrocher, en tant que double signe de terre il y a une très grande possibilité qu'il réalise ses espoirs de petit gars ou de petite fille.

Sa onzième maison, dans le signe du Cancer, apporte souvent des bouleversements familiaux. Les aspects d'Uranus, en bien ou en mal, en indiquent la nature; tout dépend encore une fois de la carte natale. Le natif aura bien du mal à se faire de véritables amis en dehors de son cercle familial, ou alors les amis qu'il se fera seront présentés par des membres de la famille proche ou éloignée. Position qui indique encore qu'il peut être en avance sur son temps dans l'esprit. Il sait, par exemple, que tel ou tel projet fonctionnera avec succès. On pourra le repousser au départ, mais que voit-il apparaître un jour? Bien exactement ce qu'il avait proposé. Mais il n'en est pas toujours le premier bénéficiaire. On devrait l'écouter plus attentivement dans ses pronostics d'avenir, il voit mieux qu'il n'en a l'air. Il connaît le devenir, mais à force de se faire dire qu'il voit trop loin, il perd la force de sa vision et tend à la supprimer.

Sa douzième maison, celle de l'épreuve dans le signe du Lion, représente une douleur à cause des enfants: ou il ne peut en avoir à lui, ou il s'inquiète de ceux des autres qu'il élève en raison d'un comportement bizarre ou différent de la norme. Ses moments de dépression sont le plus souvent reliés à la sensation de n'être pas assez aimé, de l'être mal et il arrive que ce soit vrai. Comme il peut arriver aussi qu'il l'imagine: les aspects de Neptune confirment s'il a raison de douter.

Ce natif a un grand besoin d'affection bien qu'il puisse vivre seul longtemps. S'il vient quelqu'un dans sa vie, il y restera fidèlement attaché et plus qu'il ne paraît l'être. Ce Taureau-Vierge a le sens du détail, même la manie du détail au travail. C'est un organisateur. Signe double à l'ascendant, il organise plusieurs choses à la fois, il doit toujours surveiller son propre éparpillement qui lui fait perdre du temps. Comme il est de service, il perd aussi un temps considérable à servir les autres en oubliant de se servir lui-même.

Mais, plus notre Taureau-Vierge grandit plus il fixe ses idées et peut-être sa multitude d'idées se groupera-t-elle sous une seule étoile... payante... non pas filante!

Aussi habile manuellement qu'intellectuellement, cela en fait une sorte de «personne orchestre»! Il se fait facilement des amis mais, en général, ceux qui se font amis avec lui s'arrangent pour en tirer profit car ils sentent rapidement à quel point il aime se rendre utile! On abuse de lui, mais notre double signe de terre s'en rend compte et... il vous envoie un compte...

Nous avons ici deux signes qui appartiennent au premier niveau de conscience sur la roue du zodiaque, une personne aux prises avec son égocentrisme: réussir pour elle, et faire plaisir aux autres pour se faire plaisir à elle!

Ce natif a besoin de cultiver sa spiritualité. Ce n'est pas qu'il doive devenir moins réaliste, mais il devrait de temps à autre faire une prière, et pas uniquement quand ça va mal, pour remercier aussi d'être ce qu'il est. Après tout, ce n'est pas si mal, même s'il préférerait être parfait! Il y a toujours de la place et du temps pour l'amélioration, et comme Rome ne s'est pas bâtie en un jour, comment ce Taureau pourrait-il devenir parfait en criant «ciseau»? Tout se simplifierait et notre ascendant Vierge n'aurait pas besoin de couper un cheveu en quatre pour réussir une coupe!

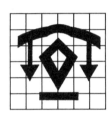

TAUREAU ASCENDANT BALANCE

Voici un Taureau régi par Vénus, dans la chair, et une Balance régie par Vénus, amour, beauté et raison! Nous avons là le raffinement de l'esthétique; le goût du luxe et du beau est sérieusement marqué et c'est même un besoin pour ce natif.

La peine et la déception sentimentale peuvent le paralyser pour une longue période de vie. Il peut ne plus faire confiance à l'amour et devenir un «dur» avec ceux qui s'offrent pour l'aimer! Il peut donc passer, dans ses principes, de fidélité à l'infidélité totale! Il en sera malheureux, au fond, la nature du Taureau n'étant pas l'éparpillement mais la concentration des forces.

Il fera alors de sa vie un «party» de réussite sociale! Il trouvera ainsi le moyen de dire qu'il a réussi quelque chose!

Mais, tout au fond de lui, ce qu'il cherche c'est l'amour, le grand amour partagé! Le Taureau est un signe fixe et la Balance, un signe cardinal. Bien qu'il soit régi par Vénus, cela n'en fait pas un coeur tendre dans le monde des affaires matérielles. Il a même la dent dure, car il veut posséder beaucoup. Il peut, dans certains cas de Taureau-Balance, porter un culte au luxe, à la richesse, surtout si l'amour a été déçu, comme ça arrive souvent en cette fin de siècle. Finalement, quand les valeurs humaines et morales, quand les cordes sensibles ne vibrent plus, cela fait un bien triste personnage; il a beau essayer de cacher son jeu, on le ressent à distance. Double signe de Vénus, la vibration est puissante, on ne peut l'ignorer, et quelque part dans le repli de son esprit il se dit: Si je dois passer dans cette vie, autant qu'on me voie!

Ce Taureau ascendant Balance tient souvent le partenaire sentimental pour acquis une fois qu'ils se sont installés, le Taureau étant un signe fixe de Vénus, accentué par le signe vénusien de la Balance. Soudain, un beau jour, on le quitte sans crier gare, sans que le Taureau ait eu le temps de comprendre. On ne va même pas lui expliquer... il aurait dû comprendre... il donnait tellement l'impression de **tout** comprendre! Les valises de monsieur ou de madame, partenaire qu'on croyait être là pour toujours, sont parties, à son grand étonnement.

Quand vous rencontrez une telle personne, elle a toujours le sourire. Double signe de Vénus, on veut vous plaire, mais si vous regardez plus près dans ses yeux, si ce Taureau-Balance n'a pas d'**amour** dans sa vie, vous y verrez, tout au fond, une larme. Elle brille comme une perle qui attend qu'on aille la cueillir... Souvent il fermera les yeux pour qu'on ne la voie pas: on pourrait la lui voler et il ne lui resterait plus rien!

Si ce Taureau-Balance aime tant l'argent, c'est que sa deuxième maison se retrouve dans le signe du Scorpion. L'argent peut parfois être gagné d'une manière douteuse. Avec de mauvais aspects, il est capable de tricher, mais assez habilement pour toujours être innocenté! Ce Taureau-Balance, je vous l'ai dit plus haut, a l'air d'un tendre... mais ne vous y fiez pas: quand il s'agit d'affaires, il a la dent dure. Avec la deuxième maison dans le Scorpion, il aime l'argent des autres! Il peut également envier ceux qui sont plus riches que lui et qui mènent un «grand train de vie». Aussi fera-t-il beaucoup d'efforts pour atteindre le confort, le luxe. Élevé dans un milieu où on lui démontre qu'il n'est pas si mal de voler, ce natif peut prendre justement cette habitude de s'emparer de ce qui ne lui appartient pas. Mais attention, si la loi des hommes ne réussit pas à l'attraper parce qu'il sait comment s'y prendre, la loi cosmique, elle, lui donnera la monnaie de sa pièce d'une manière quelconque et ce ne sera certainement pas comique. Le Taureau-Balance, c'est certain, n'est pas un filou quand même, mais disons que ce signe tend à vouloir faire de l'argent avec le plus de facilité possible. Il peut fort bien exceller à faire profiter l'argent des autres tout en se prenant un profit, ce qui est tout à fait normal. Le gâteau de l'autre sera glacé, et le sien aussi.

Sa troisième maison se retrouve dans le signe du Sagittaire. Il aime fréquenter les mondains, ceux qui ont de la classe, ceux qui ont réussi, et il m'a été donné d'observer que certains souffraient de pédantisme et de snobisme! Il arrive à ce natif d'être cachottier et pas toujours tout à fait honnête dans ce qu'il avance. Il veut être persuasif et il en rajoute. Cette position fait de lui un excellent relationniste: il sait raconter, il s'exprime élégamment et il possède une multitude de connaissances sur une foule de choses qui sont d'actualité. Il a du mal à écouter autrui, aussi de temps à autre perd-il une bonne occasion d'en apprendre plus long sur lui-même. Position qui favorise les études universitaires qui demandent du souffle!

Sa quatrième maison se trouve dans le signe du Capricorne. Souvent il vient d'une famille «stylée», c'est-à-dire qu'il a appris tôt les bonnes manières, la bonne tenue, bref tout ce qu'il a besoin de savoir pour s'élever dans l'échelle sociale. Il n'est pas rare de constater que ce natif a manqué d'affection dans son milieu familial, principalement de la part du père qui tend à l'éduquer en fonction de l'agir et de l'avoir plutôt que de l'être.

Il a pu être en quelque sorte absorbé par la mère, surtout dans le cas d'un sujet masculin. Le Capricorne, en quatrième maison, fait que souvent la mère joue un rôle de père et le père, un rôle de mère. Il en résulte une difficulté d'identification fondamentale. Il faudra des parents solidement équilibrés pour que l'enfant de ce signe soit heureux. Dans le cas d'une femme, elle a pu avoir une mère autoritaire qui, tout au contraire du «dorlotage», l'a poussée de l'avant sans lui donner sa ration d'amour dont une native a grandement besoin pour être pleinement heureuse. Les parents veulent le modeler à leur image alors qu'il a la sienne propre!

Le Taureau est extrêmement sensible, sensibilité agréable quand elle est bien entretenue, comme un beau jardin, sinon ce signe de terre se durcit et, finalement, adopte l'argent, le pouvoir, comme symbole de vie. Sans amour, il a du mal à s'épanouir, l'admiration ne lui suffit pas, même s'il peut faire semblant de s'en contenter. Il recherchera des habitations solides, grandes, ayant un petit côté antique auquel il ajoutera une touche moderne. Ce natif a une excellente mémoire de son passé qui garde ses secrets ou qu'il ne divulgue qu'à demi. La mère peut servir de modèle. Le père se tient caché ou est peu expansif, et ce n'est souvent qu'à l'âge adulte que le natif pourra élucider le modèle et faire le lien qui l'équilibre en lui-même.

Sa cinquième maison, celle de l'amour, se retrouve dans le signe du Verseau. Il est souvent confus dans ses sentiments. Il refuse de les vivre tels qu'ils sont. Il se choisit souvent un conjoint autoritaire qui lui fait vivre des fantaisies qui, à la fin, le tourmentent. En tant que Taureau, il aime la certitude, et les amours instables le «rendent malade»! Quand il a des enfants, il s'en trouve souvent éloigné. Ce peut être pour le travail ou parce qu'il ne s'y intéresse que très peu. Il se contente de leur inculquer les bonnes manières pour qu'ils réussissent leur vie sociale. Ou alors il commet la même erreur que ses propres parents ont commise et il leur transmet ce qu'il veut qu'ils soient et ne cherche pas à savoir ce à quoi les siens aspirent.

Chez ce natif, la progéniture lui fait parfois des surprises étranges et pas toujours des meilleures. Il devrait apprendre, face à ses enfants, à libérer ses sentiments. Les enfants savent tout, ressentent tout mais ils peuvent aussi interpréter à leur façon le comportement de ce natif et le rejeter. En fait si ce natif s'attardait un peu plus, il pourrait apprendre beaucoup de ses enfants! Ils seraient ses meilleurs éducateurs car ils sont toujours à la fine pointe de l'évolution! Et eux, ils n'ont pas peur du changement! Le Taureau en est souvent effrayé sans le dire.

Sa sixième maison est dans le signe du Poissons. Il entreprend généralement plus d'une chose à la fois et est capable d'en réussir deux et même trois. Il est habile dans les négociations et sait toujours mettre en valeur ses capacités de dirigeant, d'organisateur. S'il est chef d'entreprise, il peut arriver qu'il ait quelques problèmes avec ses employés, il pourrait s'attirer des gens qui sont plus ou moins honnêtes, surtout si ce Taureau-Balance a la manie d'exagérer ses qualités ou ses produits. Au bout du compte, on attire ceux qui nous ressemblent.

Il lui arrive également de connaître des phases dépressives, et il se met alors à analyser les motifs qui le font agir. C'est un bien pour lui. Cette position indique un danger de dépendance vis-à-vis des médicaments, calmants, drogues, et parfois alcool, où il noie ses peurs, ses insécurités. S'il le faisait, vous auriez du mal à vous en rendre compte, il sait fort bien le cacher et jouer l'assurance, la certitude, carte sur laquelle il compte beaucoup pour impressionner. Avec de bons aspects de Neptune et de Mercure dans cette maison, le natif peut avoir une grande influence sociale. Le Poissons étant le onzième signe du Taureau, en bon aspect, grande possibilité d'une reconnaissance publique, s'il a à coeur de desservir les gens par conviction et générosité, plutôt que par besoin de séduction.

Sa septième maison, dans le signe du Bélier, signe de Mars, lui fait souvent choisir un partenaire plus jeune que lui, mais qui, à sa grande surprise, peut le quitter soudainement, le Bélier étant à la fois la douzième maison, celle de l'épreuve du Taureau. Comme il arrive à ce Taureau de ne pas démontrer tout de suite qui il est, car il joue à être plus qu'il n'est réellement, l'autre s'en rend compte et se lasse de vivre avec un personnage qui n'est pas une personne authentique. Son goût de plaire est si puissant qu'il met tout en oeuvre pour séduire. Son goût de vivre une union passionnée le pousse à insister, mais parfois il devient oppressant pour certains signes.

Se sentir étouffé n'a rien d'agréable, et l'autre le ressent aussi comme un manque de confiance. On peut toujours impressionner quelqu'un en le fréquentant, mais quand on vit quotidiennement avec une personne les masques tombent, quels qu'ils soient. La passion possède en elle-même plusieurs nuances qui n'ont pas besoin de démonstrations éclatantes. Elle vient tout droit du coeur et elle est ressentie sans qu'il faille y ajouter du lustre. La passion, quand elle vient droit du coeur, n'a pas besoin d'autant d'artifices que peut le croire le Taureau-Balance.

Son Soleil se retrouve dans la huitième maison, celle des transformations et de la mort. Il peut arriver que ce natif vive un drame, la perte d'un être cher tôt dans sa vie, trop tôt pour qu'il puisse vraiment comprendre que la mort n'est tout simplement que la poursuite de la vie dans une autre sphère. Le natif pourra être un inquiet, avoir des peurs qu'il n'arrive pas à maîtriser. Il est du genre à dire non aux voyants, aux astrologues et à les visiter en «cachette» pour se faire rassurer.

Son petit doigt lui dit qu'il y a quelque chose derrière ce qu'il voit! Encore une fois, cette position indique que si le sujet n'est pas éduqué dans les règles et les principes moraux, il peut fort bien tricher pour gagner, en se souciant peu des conséquences, ou du moins en faisant semblant de ne pas les apercevoir. Position qui, en bons aspects de Mars, de Pluton et de son Soleil lui fait un clin d'oeil vers l'astrologie, la médecine, et peut lui permettre, si le milieu l'a favorisé, de participer activement à une grande transformation sociale. Le natif sera alors combatif et ne démissionnera pas avant d'avoir fait régner l'idéal pour lequel il se débattait. Tout indique des luttes et des obstacles dans le cas d'un idéal social, une vie surprenante par ses transformations où le sujet aura beaucoup à raconter à ses petits-enfants: les hauts et les bas en alternance, les grands drames comme les grandes joies, ses élans courageux comme ses peurs paralysantes. Le tout pourra avoir l'air d'un feuilleton!

Le sexe opposé exerce une puissante attraction sur lui. Il arrive que sa sexualité soit mal vécue, qu'il s'adonne à des pratiques bizarres. Son monde fantasmique est grand. On pourra retrouver parfois une forme d'impuissance chez ce Taureau dont les fantasmes deviennent finalement plus importants que la véritable sexualité qui, en fait, est le lien entre deux personnes qui s'aiment. Ce peut tout aussi bien être une sexualité si généreuse que le natif a du mal à se satisfaire! Cette huitième maison en est une du tout ou rien, du zéro ou de l'infini, du vice ou de la vertu, du ciel ou de l'enfer. Son orientation dans sa jeunesse sera d'une importance capitale pour sa vie entière.

Sa neuvième maison, dans le signe du Gémeaux, indique un grand besoin d'activités et de mouvements. Les déplacements seront nombreux, mais la plupart du temps protocolaires. Les voyages auront presque toujours un but. Le sujet a du mal à se détendre et à lâcher prise. Il cogite continuellement une nouvelle méthode de travail, un agrandissement de sa compagnie, une manière de faire de l'argent plus rapidement. Au cours de ses voyages il peut arriver qu'on le vole ou qu'il perde ses effets personnels. Il doit donc rester vigilant durant tous ses déplacements. Bon présage pour le journalisme, les écrits touchant souvent l'actualité, la politique. Si les aspects de Jupiter sont puissants dans la carte natale, de même que Mercure, le natif devient un excellent messager, il arrive avant tout le monde pour la nouvelle et sait instinctivement à quelle porte frapper pour une exclusivité.

Sa dixième maison, dans le signe du Cancer, indique une forte attirance pour la politique, surtout pour sa face cachée où il pourrait y jouer un rôle de conseiller. Mais un jour il pourrait prendre les devants, après un temps d'observation à l'arrière. À la maison, dans sa vie intime, il se conduit comme le maître. Il décide de tout, plus souvent que la plupart des signes. Il devient très tôt propriétaire, il veut être le maître là où il habite, là où il se trouve. Silencieusement ambitieux, il dévoile peu ses plans, préférant surprendre en appliquant des méthodes auxquelles personne n'avait pensé. Il a souvent une réserve d'argent qu'il est le seul à connaître. Cet argent est pour sa famille, ses enfants, plus tard quand il ne sera plus. Il ne voudrait pas qu'ils manquent de quoi que ce soit, si lui-même, à tout hasard devait se trouver tout à coup sans travail. Encore une fois, la position inversée de cette maison indique que le père joue un rôle de mère et que la mère joue un rôle de père. Cela peut être physiquement, psychologiquement ou psychiquement, ou tout à la fois.

Sa onzième maison, dans le signe du Lion, fait qu'il fréquente la plupart du temps les puissants de ce monde. Il sera fortement attiré par les artistes, soit pour leur venir en aide, soit pour démontrer qu'il a des fréquentations de choix. Mais il n'est pas certain que ces gens soient de vrais amis. Autant peut-il les utiliser pour son prestige, autant ces gens sauront profiter de ses faveurs financières. Il est du genre à partir à l'autre bout du monde pour sauver les enfants des autres quitte à négliger ceux qui vivent près de lui, trop certain qu'il fait ce qu'il faut selon la loi de la bonne conduite d'un père ou d'une mère. Son foyer de naissance pourra héberger des gens étranges, originaux, qui pourront, à certains moments, l'insécuriser. Il pourrait avoir peur qu'on l'emmène, s'il est petit; et quand il vieillira, autant les originaux l'attireront, autant il en aura peur! Il n'est jamais facile pour un Taureau de vivre de nombreux changements simultanés. Il a besoin de repos et de réflexion entre chacun, de réajustement au nouvel apprentissage, aux nouvelles figures, quelles qu'elles soient.

Sa douzième maison, dans le signe de la Vierge, indique parfois des troubles à l'intestin. Constipation à certains moments, alors qu'à d'autres, il s'agit d'une «sorte de diarrhée», autant physique qu'intérieure! L'être vit un combat entre sa raison et ses émotions. Il est instable; on ne sait pas toujours si on a affaire à une personne sensée ou à un individu si émotif et si exigeant qu'on le prendrait pour un dictateur! Ce natif ne devient généreux que lorsqu'il voit que la personne en trouble arrive au bas de l'échelle, au plus bas. Alors là, il est disposé à la secourir.

Attention: quand il prend conscience qu'il y a le monde à sauver et qu'il se sauve en même temps, vous pouvez avoir là

TAUREAU ET SES ASCENDANTS

un grand défenseur, au risque même de faire abstraction de lui. Il est entier, autant dans le jeu, que dans l'authenticité, s'il a décidé de cette dernière proposition de la vie. Il aura à choisir entre l'acteur ou le réalisateur de sa propre vie. S'il la réalise, il fera le bonheur de beaucoup d'autres personnes; s'il échoue, il fera souffrir et souffrira lui-même. Les astres nous inclinent, mais nous laissent le choix d'être. On peut exploiter sa force ou s'enliser dans sa faiblesse.

Cher Taureau-Balance, vous êtes parmi les plus nombreux à vivre la grande déception sentimentale, mais il vous suffirait de songer à tout ce temps que vous perdez à refuser l'amour parce que vous avez peur d'avoir mal.

Se priver de sentiments, bien sûr que c'est créer l'interdiction à la douleur, mais c'est aussi créer l'interdiction au bonheur et vous n'êtes radieux que lorsque vous êtes amoureux.

Vous avez beau avoir des réussites sociales, cela vous convient bien, mais, de grâce, ouvrez les yeux sur l'amour et ouvrez l'oreille pour entendre une autre fois un doux murmure d'amour!

TAUREAU ASCENDANT SCORPION

La sexualité se dérègle facilement sous ce signe et cet ascendant. Privation ou voies obscures de désirs, passionné jaloux, double signe fixe, Scorpion à l'ascendant qui détruit les rêves d'amour du Taureau.

En fait, ce Taureau se place dans des situations pour être mal aimé, ou pour vivre un amour impossible. Une femme qui tombe amoureuse d'un homosexuel, d'un homme marié qui a déjà deux maîtresses, un homme qui préférait être une femme et qui recherche un homme dans une femme! Homosexualité, bisexualité, la personnalité a du mal à trouver sainement la sexualité et l'amour en même temps.

Ce natif a tout intérêt à orienter ses énergies vers l'art, car il est créateur et, double signe fixe, il ira jusqu'au bout de son choix. Il est attirant et magnétique, mais il a peu d'amis; il considère souvent, avec une certaine prétention, qu'on est indigne de lui. Le Taureau dit «j'ai» et le Scorpion réplique «nous avons». L'être vit un déchirement intérieur. Doit-il être égoïste ou généreux? Quand il est égoïste, il s'en veut; quand il est généreux, il l'est à un point tel qu'il néglige ses propres besoins jusqu'à se sentir irrespectueux face à lui-même.

TAUREAU ET SES ASCENDANTS

L'argent est important sous ce signe. Comme la plupart des Taureaux, il a besoin de se sécuriser et, dans ce cas-ci, il lui en faut beaucoup, il a sa réserve. Quelques-uns font semblant de ne rien posséder pour se faire offrir le plus de choses possible pour faire une économie! Quand le geste est à répétition, les «payeurs» se lassent et, réaction à la fois un peu bizarre dans ce cas, le natif avait la sensation qu'il donnait suffisamment de «sa présence» et qu'on lui devait bien ça!

Il a des moments de générosité intense quand il vit l'attachement amoureux. Il voudra tout donner à la personne qu'il aime, pour se faire aimer davantage. Il donnera tout, mais il risque de tout perdre; on n'achète personne. Fondamentalement, il n'aura pas donné dans le détachement, il aura donné pour acheter l'amour, la tendresse, l'assiduité, la durée, et avec la certitude que l'autre est là pour lui.

Il lui faudra parfois vivre des échecs financiers, des échecs sentimentaux, des transformations de carrière; cela fait partie de son évolution. Il peut aussi se révolter; vous verrez alors une personne qui s'isole dans le rêve, qui pensera que parce qu'elle le veut elle pourra tout changer, mais ce n'est pas si certain. Ce double signe fixe peut tomber dans l'inertie et ne pas se rendre compte qu'il vit un songe! Cette évolution force l'être à se réincarner dans une même vie dans la bonté. S'il refuse, il vivra de douleurs!

L'être doit se spiritualiser, mais pas au point de renier le matériel de la vie. Il ne doit pas vivre uniquement pour son profit mais dans le respect d'autrui. Cette position apporte souvent une reconnaissance publique dans laquelle l'être se complaît comme dans une sorte de compensation à l'amour!

Si une personne n'arrive pas à lui donner toute la passion qu'il désire, d'autres l'aimeront sans condition, mais cette passion sera ce qu'elle paraît être et non ce qu'elle est. Et quand le Taureau-Scorpion entre chez lui, il se trouve face à la solitude... qu'il supporte mal...

Sa deuxième maison, celle de l'argent, se trouve dans le signe du Sagittaire. Le natif en trouve toujours, mais il n'est pas certain de le garder, son ascendant Scorpion lui fait toujours craindre le pire au sujet de ses finances. Le plus souvent il a deux sources d'argent, il peut travailler à deux endroits à la fois pour être sûr de ne pas en manquer. Mais il est souvent imprudent face aux questions matérielles, malgré son grand désir de possession. Il prend trop rapidement des décisions au sujet d'investissement, il se laisse influencer par des personnes qui sont parfois plus ou moins qualifiées. Et tout d'un coup, encore une fois, voilà la chance à son détour... il a, tout au fond de lui, une naïveté qui le porte comme on donne toujours une chance de plus aux enfants pour leur permettre de gagner.

La troisième maison de ce natif dans le signe du Capricorne l'incite à des études précises dans un but bien déterminé. Il n'apprend rien qui ne lui soit utile. Son esprit n'apprivoise que lentement la sagesse. Souvent le natif aura eu un père plus ou moins attentionné envers lui. Il en restera marqué d'une certaine manière. Le manque d'affection paternelle pour une femme lui fait souvent choisir un conjoint qui ne s'intéresse en réalité que très peu à ce qu'elle fait. Dans le cas d'un homme, le contact aura été si léger qu'il aura du mal à se faire des amis hommes, ayant toujours la sensation que ça ne mène nulle part. À sa maturité, ce natif deviendra curieux de philosophie; il deviendra plus observateur et saura instantanément à quel type de personne il a affaire. Avec de bons aspects dans cette maison, il peut faire un très bon comptable ou un administrateur.

Sa quatrième maison, dans le signe du Verseau, rend le foyer instable dans la jeunesse, un foyer où les mauvaises surprises sont alors indiquées par les aspects négatifs d'Uranus et de la Lune. Le sujet pourrait continuellement avoir envie de fuir, ne se sentant chez lui nulle part et ayant la certitude que le monde est en réalité sa patrie. Les déménagements, changements de résidence, se font la plupart du temps d'une manière surprenante, ce qui n'est pas sans bouleverser ses habitudes. Si ce natif développe considérablement les tendances négatives du signe une tendance au suicide raté pourrait émerger! Il voulait attirer l'attention pour qu'on sache qu'il est là où il est, pour qu'il se trouve lui-même une place. Dans le cas d'une rupture, familiale ou amoureuse, on pourrait le chasser de chez lui, même s'il est le propriétaire! Il avait envie de partir, et il voulait rester en même temps!

Sa cinquième maison, celle de l'amour, est un aspect nébuleux et imprécis dans sa vie. Ce natif prendra grand soin de ses enfants, y sera fortement attaché, mais il peut arriver que l'un d'eux, ou même plusieurs s'il y a lieu, ait des problèmes émotifs, difficulté d'expression dans les sentiments, etc. Cette position indique également une possibilité qu'un enfant ait des vues artistiques et qu'il ait besoin d'être orienté. Avec cette cinquième maison dans le signe du Poissons, le natif peut tromper ou être trompé. Il peut aussi être attiré par une sexualité libre et libertine. S'il a des enfants, il pourra alors modifier de nombreux comportements sexuels qui, selon une «opinion générale» étaient marginaux. Position qui a pour but, à un moment indiqué par la carte natale, d'élever l'âme et de saisir la toute-puissance du monde invisible, de Dieu.

Sa sixième maison, celle du travail, est dans le signe du Bélier, donc la douzième du Taureau, ce qui suscite des difficultés d'orientation pour le travail. Un jour, le natif entreprend tel genre de profession, puis, tout à coup, sous l'impulsion de Mars, signe qui régit le Bélier, il change d'avis et entreprend une tout autre carrière. Sa vie sexuelle peut être réprimée ou totalement vécue d'une manière même désaxée. Une sorte d'obsession sexuelle peut le poursuivre jusque dans son milieu de travail, comme il peut aussi lui arriver d'avoir ou de désirer une aventure sexuelle — qu'il confondra avec l'amour — avec une personne de son milieu de travail, surtout si des aspects viennent appuyer cette dernière possibilité. La sixième maison est aussi celle de la maladie, dans le signe du Bélier, qui, lui, régit la tête. Le natif peut donc être sujet aux migraines quand il fait de l'angoisse, ce qui peut arriver fréquemment dans le cas du Taureau-Scorpion. Problème possible d'élimination rénale.

Le Soleil de ce natif se retrouve donc en septième maison. Aussi supporte-t-il mal de vivre seul, il peut même préférer une relation difficile à la solitude. Cette position lui fait rencontrer des personnalités souvent connues dans un domaine quelconque et il pourrait bien s'en amouracher et tomber amoureux. Il a soif de pouvoir, un pouvoir qu'il désire sur l'autre, il dit qu'il veut partager, mais son signe fixe de Taureau, au fond, lui fait désirer la possession de l'autre, la domination, et souvent il utilisera sa sexualité comme appât ou pour retenir. Ce qui, souvent, ne réussit qu'un très court temps.

Ce natif attire comme partenaire une personne puissante financièrement, parfois célèbre, ou les deux. Mais comme il vit avec l'opposé de son signe, il se peut fort bien que les éléments se retournent contre lui et qu'il ne joue qu'un rôle secondaire dans son union. Ce natif, s'il développe ses dons, capacités et talents, peut lui-même obtenir la reconnaissance publique. Il lui suffira de choisir son moyen d'expression, soit artistique, soit financier.

TAUREAU ET SES ASCENDANTS

Double signe fixe, une fois qu'il se sera fixé un but il sera en mesure de l'atteindre car il est patient. Dans cette position, de nombreux Taureaux-Scorpions vivent une déchirure entre l'art ou le conjoint ou entre l'art et la famille... vivre de reconnaissance publique ou se satisfaire d'être aimé par les membres de sa famille proche et amis intimes.

La huitième maison de ce natif, symbole de mort et de transformation, se trouve dans le signe du Gémeaux. Les plus grandes transformations viennent durant sa jeunesse, son adolescence, et souvent elles fixent ce natif dans un état d'esprit qu'il pourra «traîner» longtemps devant et derrière lui. Ce sera pire encore si des événements traumatisants sont intervenus dans sa vie. Curieux d'astrologie, de sciences paranormales, il peut aussi vivre des phénomènes étranges et commencer alors à étudier dans ce domaine. L'esprit est créatif, ingénieux... curiosité intellectuelle axée sur la mort!

Sa neuvième maison, celle des voyages, est dans le signe du Cancer. Ce Taureau aimerait bien quitter son pays natal, il peut même en faire l'essai à un moment de sa vie, indiqué par les positions de la Lune et de Jupiter, mais il reviendra. Le mal du pays le prendra et il refera ses valises pour revenir vers sa terre natale. Le plus souvent en voyage, il ne se sent pas en sécurité, il a l'impression d'avoir laissé quelque chose derrière lui. Plus il vieillit plus il est à la recherche de la vraie raison de sa naissance. Très perceptif, le rêve peut souvent être un moyen de parcourir ses vies antérieures. Il peut prendre ses rêves à la légère comme il peut aussi s'y intéresser profondément et développer ensuite un don de voyance à l'état de sommeil. Quand il décide de vivre positivement sa vie, il est un support important pour sa famille, parents, frères, soeurs. Il aura le mot juste pour exprimer un trouble qui peut hanter un des siens et l'aider à en sortir.

Sa dixième maison, dans le signe du Lion, lui fait désirer d'accéder à la gloire, et il peut y arriver s'il est déterminé à le faire. Il peut être connu publiquement. Il a un vif désir de briller, souvent il veut dépasser sa classe sociale et il peut même arriver, quand il atteint un certain sommet qu'il renie sa famille et ceux qui l'ont élevé. Rendu à maturité, s'il a réussi il peut se montrer froid envers autrui et même afficher une attitude dédaigneuse qui le laissera bien seul sur son trône! Un ami pourrait le lui faire comprendre et, comme il supporte mal de ne pas être aimé, il peut modifier son comportement et s'humaniser à nouveau.

Sa onzième maison, dans le signe de la Vierge, lui donne la sensation qu'il pourrait devenir fou à trop réfléchir. Il peut avoir des idées de génie et en douter. Ses amis sont souvent des gens angoissés, intelligents, mais peu sûrs de leurs sentiments. Il sera à la recherche de gens pratiques et, d'un autre côté, il constatera qu'il s'ennuie avec eux. Il veut vivre des originalités mais, en même temps, le Taureau veut rester dans la norme. Cette position peut indiquer une grande facilité dans le monde de l'écriture, l'imagination étant puissante. Il se sentira poussé à transmettre ses expériences à un vaste public surtout avec de bons aspects d'Uranus et de Mercure dans sa carte natale.

Sa douzième maison, qui est celle de l'épreuve, se trouve dans le signe de la Balance: vie de couple, union, mariage. Il n'est pas rare que ce natif vive des épreuves par le conjoint. D'un autre côté l'épreuve est faite pour parfaire l'évolution, pour grandir, pour s'affirmer. Trop compter sur l'autre, n'est-ce pas faire abstraction de soi et de ses capacités?

Souvent, c'est vers la quarantaine que le natif de ce signe entreprend de vivre sa vie indépendamment de ce qu'on pense de lui ou de ce que le conjoint en pense. Il devient alors autonome. Il soulève un à un les voiles qui ont caché la vraie vision qu'il a de la vie, de lui et des autres. Il cesse de s'idéaliser et d'idéaliser autrui, ou l'inverse. Il devient lucide, adulte, et conséquent avec ses propres attitudes et comportements.

Il n'est pas toujours tendre bien qu'il dise qu'il l'est ou qu'il soit persuadé de l'être. Il est exigeant et autoritaire, sans même s'en rendre compte. Quand il a fait le vide autour de lui, il se pose de sérieuses questions. Qui donc a envie de vivre avec un dictateur ou une personne qui a toujours raison? Qui donc a envie d'avoir un ami qui n'écoute jamais ce que vous avez à lui dire?

Ce sujet a intérêt à développer la foi, non pas une foi superstitieuse d'un Dieu punisseur comme il arrive souvent sous ce signe qui voit tout en noir ou en gris! La justice humaine a le bras court, comparativement à la justice divine qui, finalement, est le fruit de ses propres pensées. Pensées pures égalent bonheur. Possession, envie, jalousie ne mènent qu'à la défaite, à la tristesse et au renoncement de l'amour. Pour un Taureau, une vie sans amour, puisqu'il est né sous le signe de Vénus, est une vie qui n'a pas de sens. Il peut toujours s'efforcer de vivre avec la raison, il finira par avoir mal au coeur. Avez-vous déjà essayé de vivre la tête en bas, suspendu par les pieds? Non bien sûr, c'est contre nature, et pourtant certains Taureaux-Scorpions le font une partie de leur vie!

TAUREAU
ASCENDANT
SAGITTAIRE

Voilà un Taureau qui bouge tout le temps, Taureau, 1; Sagittaire, signe double, 2 = 3 personnes! Et elles veulent toutes voyager en même temps et dans toutes les directions à la fois.

Si le natif ne le fait pas physiquement, alors, mentalement la folle du logis est bien agitée! Le voilà en pleine création! Et ça rapporte, naturellement. Nous avons là un Taureau, ne l'oublions pas, et un Sagittaire qui ne rate jamais une occasion de multiplier ses avoirs puisque son ascendant est régi par Jupiter, planète de l'expansion.

Il aime la nature, il croit à sa chance et elle arrive, comme par magie. Il sait faire rire, même dans les moments dramatiques. Optimiste, il trouvera toujours le meilleur côté de ce qui arrive, même dans le pire qui n'est jamais le pire puisque avec lui tout s'arrange, et c'est vrai!

Il est facile de vivre avec lui à condition de ne pas le contrarier. Ne craignez rien, il ne boude pas, il s'en va. Il a fait sa valise, il ne sait pas quand il reviendra!

Dans une vie de couple il peut devenir exigeant. Il demande et veut recevoir; on lui doit tout puisqu'il daigne vous faire cadeau de sa présence! Il n'est pas du genre Taureau la pantoufle! Surtout pas. Taureau social, il a toujours quelqu'un à voir, une affaire à régler, un gros coup... sûrement pour pouvoir faire un gros cadeau car il est généreux quand il est riche! Il a de l'instinct, son flair le guide bien, le protège des dangers. Il peut être visionnaire et voir les choses et les événements à l'avance, posséder des facultés paranormales. Avec le temps, il finit par être sage, donnez-lui du temps, au moins jusqu'à quarante ans! Avant cela, il se sent à l'étroit là où il est. Le monde est vaste et il a besoin de voir partout où il pousse de la verdure juste pour se rendre compte si un champ ne serait pas plus intéressant à «brouter» que le précédent qu'il a vu!

En amour, on ne peut pas dire qu'il soit vraiment fidèle, ça ne l'intéresse que plus tard dans la vie. Puis avec le temps, il devient sélectif; il a fait toutes ses folies, il a vécu de nombreuses aventures et il recherchera alors la compagnie de gens qui ont quelque chose à lui apprendre.

Après avoir vécu, sans les approfondir, une multitude de choses, il commencera à vouloir découvrir ce qui se cache à l'intérieur. Après avoir vu, touché, il veut comprendre et ressentir profondément.

Sa deuxième maison se trouve dans le signe du Capricorne. La deuxième étant le signe de l'argent, dans le Capricorne, symbole de restriction, soyez certain que ce Taureau a un bas de laine bien rempli. Il peut être dépensier mais, il a sa réserve!

Plus il vieillit, plus il sait assurer sa sécurité, ce qui ne l'empêchera pas de vouloir continuellement se déplacer et visiter le monde! Souvent son travail le rapprochera du gouvernement, ou du moins réussira-t-il à obtenir quelques subventions qui lui permettront de faire de la recherche ou de s'établir. S'il n'a pas encore tenté d'apprivoiser financièrement le gouvernement pour obtenir des fonds, il devrait bien s'essayer, le ciel est de son côté.

Sa troisième maison, dans le signe du Verseau, le rend communicatif. Il aime parler avec les gens, les découvrir; il est capable de leur faire dire ce qu'il veut entendre. Dans sa jeunesse, il peut se révolter contre son milieu social, vouloir n'en faire qu'à sa tête; à l'adolescence, il n'écoutera que d'une oreille les conseils des vieux! Alors, inutile de trop insister!

Il fait aussi un bon orateur, il a toujours quelque chose à dire et une idée nouvelle en tête. Réformateur de classe, il sait défendre les droits des plus petits ou des opprimés. Il sera fortement attiré vers la médecine et l'astrologie autant que vers les sciences pures, le journalisme, l'enseignement, l'informatique, sans oublier tout ce qui s'appelle renouveau, laissant une place à la créativité et à l'invention.

Sa quatrième maison se trouve dans le signe du Poissons. Son foyer le dérange, il peut s'y sentir tellement à l'étroit qu'il a toujours envie de partir. Il est du genre valises toutes prêtes. Il sera attiré par les bateaux, les maisons originales, les grands espaces. Il est extrêmement perceptif. Il aime les enfants, leur pureté, mais il n'a souvent que très peu de temps à leur accorder, sauf s'ils peuvent discuter en adultes! Aussi attend-il souvent que ses enfants soient des adolescents près de la maturité pour établir un véritable contact avec eux. Il n'est pas rare qu'il possède deux maisons, une à la ville et l'autre à la campagne. Il a grand besoin de se ressourcer au grand air pour refaire son énergie. Intense dans ses affirmations, dans ses démarches, il n'aime pas que les choses traînent en longueur, il recherche l'efficacité!

Sa cinquième maison, dans le signe du Bélier, fait qu'il «tombe» spontanément amoureux! Il a des coups de foudre. Il se lasse vite d'une personne qui ne saurait se renouveler, lui apporter quelques nouveautés ou qui ne lui donne aucun défi à relever. Il aime passionnément, mais ça ne veut pas dire que ce sera pour longtemps! Les signes de feu, Bélier, Lion et Sagittaire l'attireront particulièrement. On pourrait tout aussi bien dire qu'il aime la course aux obstacles! Il peut lui arriver de concevoir un enfant en bas âge, désiré ou pas! D'autres aspects de son thème peuvent confirmer ou non cette position en regard des enfants. Cette maison de feu dans un signe de feu symbolise, encore une fois, sa nature emballée; le Taureau le restreint et lui fait voir ses limites juste à temps.

Son Soleil se trouve le plus souvent dans sa sixième maison. Il n'est pas rare qu'il ait deux emplois en même temps.

L'être est créatif, autant sur le plan intellectuel que sur le plan manuel. Il est du genre à pouvoir tout faire, mais il a du mal à tout finir à temps! En tant que Taureau, il tient ses promesses et quand il remet un travail, tout est parfait, même s'il est en retard! Il a généralement une santé robuste. Il peut être nerveux mais sa capacité physique de résistance est immense. Il doit surveiller son régime car il a tendance à trop bien manger et à boire aussi, ne se refusant pas les plaisirs de la table, surtout entre amis qui conversent de tout. D'autres aspects le spécifiant davantage peuvent le pousser vers la médecine. S'il fait un travail manuel, la créativité y sera incluse, qu'elle soit commerciale ou simplement personnelle, comme loisir.

Sa septième maison, celle des unions, se situe dans le signe du Gémeaux, qui se trouve en même temps son deuxième voisin. Il arrive qu'il fasse un mariage de raison avec une personne qui possède plus qu'il n'a lui-même: une façon de changer de milieu et de se hisser chez les bienheureux! Il est rare que son mariage soit de longue durée ou que lui-même soit vraiment fidèle, bien que son signe fixe l'y porte. Mais étant régi par Vénus et les attractions sensuelles, il lui sera bien difficile de refuser une avance. En tout cas, il aime flirter, il sait persuader tout en évitant de faire une promesse! La possibilité de deux unions se présente ici avec cette maison du mariage en signe double. Et s'il a un conjoint jaloux et possessif, ce natif se sentira mal à l'aise; il n'aime pas tellement qu'on lui pose des questions sur ses allers et retours incessants, ce qui peut être cause de rupture. Le Taureau étant un signe fixe, quand il s'engage il le fait pour longtemps, et avant de rompre une union il peut y mettre un temps fou malgré ses malaises, malgré souvent les difficultés de vivre avec son partenaire. N'étant pas exempt de fierté, surtout avec un ascendant Sagittaire, il peut se dire: Comment aurais-je pu commettre cette erreur?

Sa huitième maison, dans le signe du Cancer, lui vaut parfois de substantiels héritages de famille. Disons encore une fois, qu'il est fortement intrigué, attiré par le côté invisible de la vie et qu'il possède des perceptions qui sont souvent d'une justesse extraordinaire. Longue vie à ce natif! Il pourra voir grandir ses petits-enfants! Dans sa jeunesse,, il aura pu vivre un drame familial ou perdre un membre de sa famille qu'il aimait profondément, position qui peut le mettre en contact avec le monde invisible.

Sa neuvième maison dans le signe du Lion, lui fait désirer ce qu'il y a de plus beau sur terre. Son esprit tend à s'élever au-dessus de la matière, bien que le Taureau lui tire dessus et lui rappelle qu'il faut beaucoup d'argent pour s'offrir du luxe. Il pourra lui arriver de s'endetter pour se procurer ce qui est à la mode, du dernier cri. Il pourra être fou du cinéma, du théâtre, et sentir comme un appel, car il aura un talent créateur et il saura faire rire au moment où tout le monde pleure sur une scène! Il voyagera rarement en bohème! Draps de soie de préférence! Cette position, si elle est appuyée par un bon Jupiter dans sa carte natale, lui procure un don de clairvoyance.

Sa dixième maison, dans le signe de la Vierge, lui fait souvent embrasser deux carrières de front! Étant habile en diverses tâches, professions et métiers, il a bien du mal à choisir: deux métiers ou deux professions, deux sources d'argent. Plus prévoyant qu'il n'en a l'air, c'est souvent à l'adolescence que se dessine son premier objectif à but lucratif.

Ce natif est attachant. On lui fournit des occasions de grossir son capital, car il sait demander sans en avoir l'air. Plus il vieillit plus il diversifie ses connaissances et plus il lui est facile de s'adapter à toute nouvelle situation, et comme il a amassé un gros bagage culturel, il peut répondre à une foule de questions sur divers sujets et peut-être même réussir à établir une communication entre eux. Au sein d'une entreprise, il est une sorte d'homme ou de femme orchestre.

Sa onzième maison, dans le signe de la Balance, lui permet de fréquenter les gens bien. Il est aussi fortement attiré par les artistes. Il peut aussi avoir quelques amis parmi eux, qu'il soit ou non artiste lui-même. Son sens de la justice sociale lui fait élever la voix devant le manque de droiture qu'il perçoit dans certains secteurs de son environnement. L'esthétique aura une forte attraction sur le sujet. Il lui arrivera d'être en avant de son temps dans sa façon de s'habiller. Il aime les discussions, les polémiques, il aime discuter des problèmes sociaux, de justice, de politique. Il sera informé la plupart du temps et il saura s'objecter s'il est persuadé qu'une ou plusieurs personnes font fausse route.

Sa douzième maison, dans le signe du Scorpion, sa maison d'épreuves, est souvent rellée à la mort, à la perte d'un être cher qui éveille en lui des facultés psychiques et qui lui permet aussi d'entrer en contact avec les mondes invisibles. Si, à tout hasard, le natif possédait des planètes dans cette maison, selon les aspects, ses perceptions pourraient être utilisées en bien ou en mal, face à autrui. Il serait alors capable de communiquer et d'influencer à distance comme il pourrait développer un talent de guérisseur, de médium, de voyant. Il pourra entrer aussi dans des moments de profonde introspection. Il sondera quelque peu la dépression, se demandant quelle est sa véritable mission sur terre et, tout d'un coup, ciel à l'appui, il trouvera sa route. Il y a possibilité avec cette position qu'il vive l'épreuve de la maladie, le conjoint pouvant en être victime et le natif venant à la rescousse et le protégeant du mieux qu'il peut.

TAUREAU
ASCENDANT
CAPRICORNE

Deux bêtes à cornes, deux signes de terre, l'un au sol, fixe, l'autre qui escalade les sommets. Un qui fait confiance à la vie, et l'autre qui s'en méfie, qui se dit sérieusement qu'il faut travailler dans la vie, et sans arrêt: on s'amusera plus tard! Il y a quand même possibilité qu'à l'adolescence il se soit illusionné sur la vie: il avait cru que ce serait facile et voilà que des événements lui rappellent que c'est à lui seul qu'incombe la responsabilité de sa propre vie.

Rien ne l'arrête, seul l'objectif — matériel — a de l'importance. Il bâtit solidement, pour une durée indéterminée, pour lui et sa postérité! Il ne veut dépendre de personne, il veut être parfaitement autonome. Passablement jeune, il est persuadé qu'il ne peut se fier qu'à lui, aussi fait-il tout, tout seul, et s'il bâtit un empire, il ne le devra à personne.

Taureau, régi par Vénus, le beau, le luxe, l'agréable, Capricorne, régi par Saturne, le solide, le fort, des choses qui durent et qu'on lègue ensuite à ses petits-enfants... Taureau, signe fixe, il ne reçoit pas d'ordre, il décide. Capricorne, signe cardinal, signe de chef, de commandement, il doit se trouver au-dessus. Il mène la «barque». Il supporte mal qu'on le dirige, qu'on commande sa vie ou qu'on la règle.

Régi par Vénus, son autorité est tout de même empreinte de gentillesse et de diplomatie. Il possède une grande sensibilité qu'il ne veut pas manifester au cas où on essaierait de jouer avec ses sentiments. Il connaît lui-même son degré de vulnérabilité.

Il aime la famille, il sait la protéger. Il est attiré par le côté invisible de la vie mais il se dit que s'il ne peut toucher il ne peut croire. Au fond de lui-même, il est persuadé que de l'invisible on le guide, on le protège. La vie lui fera vivre des moments où il sera confronté avec l'invisible, ce qui créera un choc pour son intellect, mais le rendra si curieux qu'il ne pourra résister à s'avancer dans le monde du paranormal.

En tant que Taureau, l'art l'attire immanquablement et on trouve de nombreux artistes sous ce signe. Le ciel le protège car ce Taureau fait une recherche intérieure sur le vrai sens de la vie et les événements se mettent sur sa route pour qu'il découvre!

Courtois et respectueux envers les autres, les imprévus le figent, le font rougir, mais il sait réagir d'instinct et se réajuster assez rapidement. Il contrôle.

Il gagne bien sa vie, et plus il vieillit, mieux il la gagne. Jeune Taureau-Capricorne, si vous avez une idée suivez-la, c'est sûrement la bonne, votre flair est puissant et vous avez toute la force nécessaire pour vous permettre d'atteindre l'objectif!

Sa deuxième maison, dans le signe du Verseau, fait qu'il n'a que très peu d'amis; il préfère ceux qui ont des moyens financiers. Il n'est pas toujours fidèle à ses promesses face aux amis, sauf si ça rapporte. Il pourra lui-même vivre quelques déceptions de ce côté. En fait, sa pensée lui est rendue. Son argent, il le gagnera souvent grâce à la technologie moderne ou au monde uranien, c'est-à-dire par un travail qui est en relation avec un vaste public ou la machine moderne, l'informatique entre autres. Avec de mauvais aspects d'Uranus dans la carte natale, il doit surveiller ses propres investissements et ne pas se fier aux conseils de ses amis, pour faire une «grosse affaire», mais à son propre jugement. Il n'est pas rare que, vers la quarantaine il soit en face d'une fortune à faire, il se doit d'être prudent, l'appât d'un gain plutôt facile peut le rendre imprudent ou téméraire.

Sa troisième maison est celle qui marque l'adolescence dans le signe du Poissons. À ce moment-là, tout en étant sérieux il se sentira confus autant dans sa raison que dans ses émotions. Il sera celui qui rend service et qui se fait avoir... mais pas toute sa vie. Il pourra se laisser entraîner par des amis douteux, subir des influences négatives, mais il est résistant, et il saura à temps se faire une idée juste des gens. Dans sa jeunesse il fréquente «n'importe qui» et il apprend à connaître tout le monde, ce qui, à l'âge adulte, pourra l'aider à ne pas se fier au premier venu. L'expérience de la vie elle-même lui apprend beaucoup. Pour étudier, il a besoin d'être stimulé; laissé à lui-même il peut devenir paresseux au moment de ses études, mais il apprendra bien vite qu'il doit gagner sa vie et travailler. Il a le sens de la débrouillardise et est souvent doué pour une carrière spécifique, bien qu'il puisse faire plusieurs choses.

Sa quatrième maison, dans le signe du Bélier, lui crée souvent un foyer agité, un foyer en mouvement où les habitants sont des gens passionnés, entreprenants, mais qui ne finissent pas nécessairement ce qu'ils commencent. Mais notre Taureau, signe fixe ascendant Capricorne, signe de terre, y apprendra que rêver ne suffit pas pour obtenir quelque chose, qu'il faut passer à l'action prudemment, sagement, sûrement. Souvent l'un de ses parents aura une nature colérique ce qui effraiera le natif quand il sera enfant. Cela le fera réfléchir et l'incitera à ne pas faire comme ses parents. Le conflit avec la mère — conflit d'autorité ou conflit émotif — peut mettre du temps à se résorber, la mère exigeant du natif qu'il soit comme la famille ou qu'il fasse quelque chose qu'elle désire. Le sujet résiste jusqu'au point de confusion ou de rejet brutal des directives de sa mère.

Son Soleil se retrouve dans la cinquième maison. Le natif aimera le beau, aura un oeil artistique et sera un bâtisseur. Il sera le patron, sinon, il aura bien du mal à se soumettre à la discipline imposée. Il sera aimant et il voudra qu'on l'aime passionnément, assidûment comme il est capable de le faire. À l'adolescence, il vivra souvent un grand amour qui le marquera longtemps s'il vit un échec. Ce sera pour lui une période importante de l'approche sexuelle où il se fera une idée de l'idéal à atteindre. Position qui indique, en général, le succès dans la sphère choisie, grâce à sa ténacité, à son sens de la continuité. Quand vous le rencontrez pour la première fois, il garde ses distances, vous aurez tendance à le prendre pour quelqu'un de froid, mais quand vous le connaîtrez un peu plus, vous verrez que, bien au contraire, il est passionné. Ce peut être en amour, ou lorsqu'il s'agit de sa carrière ou même les deux à la fois.

Sa sixième maison se trouve dans le signe du Gémeaux, ce qui en fait un débrouillard sur le marché du travail. Il aime la perfection. Il sait communiquer quand on parle avec la logique; il aura toutefois bien du mal à exprimer ses émotions telles qu'elles sont, il craint qu'elles ne soient pas ce qu'ils croient qu'elles sont, ou alors il en prévoit déjà le changement. Il se hasarde peu en ce domaine. On pourra trouver quelques psychologues sous ce signe, mais il ne serait pas étonnant de constater qu'ils sont eux-mêmes en train de chercher les vrais motifs qui les animent. Le natif pourra être doué pour l'écriture, pour remplir des papiers, rien ne sera négligé. Il pourra embrasser une carrière alliant imagination et sens pratique. Il aspirera à mettre ses connaissances au service d'un grand nombre de personnes.

Sa septième maison, celle du conjoint, se trouvant dans le signe du Cancer, il recherchera alors un partenaire sensible, stable, aimant la famille, et peut-être même une personne dépendante de lui, de ses attentions! Danger: ce signe fixe se lasse qu'on dépende de lui en même temps! Il aime se sentir fort, mais il finit par se fatiguer de supporter tout le poids d'une relation et c'est souvent sans le vouloir, même sans le savoir, qu'il se place dans un tel état. N'est-ce pas lui prouver qu'il est fort que de se fier à lui? Il désirera que le conjoint soit une personne qui aime la famille, les enfants. Souvent il aura reçu de l'un des parents, comme message verbal ou subconscient, que le but de la vie c'est la famille, et que se marier est une assurance de sécurité émotionnelle pour l'avenir. Il peut arriver qu'il ou qu'elle épouse un ami pour faire comme tout le monde, pour se ranger, ce qui peut occasionner une déception à un moment de sa vie!

Sa huitième maison, celle de la mort, celle aussi des transformations dans le signe du Lion, laisse prévoir que ce natif doit surveiller son coeur. Le sujet se dépense beaucoup à son travail et, comme il se replie émotionnellement, le coeur palpite plus fort qu'il le devrait. Il arrive souvent qu'un enfant transformera la vision qu'il a de l'univers. Ce natif refusera de vieillir physiquement; aussi, quand il se rendra compte du processus des cellules qui ne se renouvellent pas assez vite, se mettra-t-il à suivre des régimes ou à faire des exercices pour garder la forme, avec toutefois une tendance à exagérer. Cette position indique parfois la mort d'un enfant si d'autres aspects de la carte natale le confirment. Position qui peut, avec l'appui d'autres planètes, indiquer une transformation majeure dans la carrière de ce natif, surtout si elle touche le domaine artistique et, dans certains cas, un domaine purement financier et spéculatif.

Sa neuvième maison, dans le signe de la Vierge, fait que ce natif voyage d'abord pour ses affaires, pour son plaisir ensuite. Il devra veiller sur ses effets personnels au cours de ses déplacements, surtout s'il transporte des objets de valeur car il pourrait être le victime de ceux qui préfèrent voler le bien d'autrui plutôt que de le gagner. Tout d'abord sceptique en ce qui concerne le monde de la philosophie, il demandera des preuves et pourra faire une recherche personnelle en cachette! Et il n'affirmera rien avant qu'il n'ait lui-même trouvé des preuves de ce qui est écrit, dit ou avancé. Il peut même devenir fanatique de certaines doctrines et, tout à coup, rejeter en bloc ce qui ne vient pas de lui!

Il est extrêmement perceptif, mais il peut, pendant longtemps, refuser de vivre avec cette partie de lui et se contenter de croire à ce qu'il touche. Le temps faisant bien son oeuvre, à l'âge de Jupiter, soit vers la trente-cinquième année, il pourra commencer à croire que ce qu'il ressent est plus vrai que ce qu'il touche et se mettre à vivre en équilibre entre la vue intérieure et la vue physique.

Sa dixième maison, dans le signe de la Balance, en fait souvent un bon avocat, un bon négociateur, une personne sérieuse, un diplomate. Il aime les arts, en secret ou non. S'il est artiste, il aspirera à la grandeur, au prestige. Il pourra avoir des rôles nettement au-dessus de son âge, mais fera tous les efforts nécessaires pour accéder au sommet, et saura se servir de ses relations, au besoin. Il saura flatter la bonne personne. Il est possible qu'une partie de sa vie soit uniquement vouée à une carrière si le défi qu'il s'est lancé demande plusieurs années d'efforts. Il en est capable, son double signe de terre lui permet de s'appuyer et de croître dans la constance.

Sa onzième maison, dans le signe du Scorpion, lui amène souvent des amis plus ou moins avouables. Il saura s'entourer de gens puissants, mais dont le caractère incertain pourrait bien le faire sursauter ou lui créer des émotions fortes. Il aimera les gens originaux ou ceux qui vivent dangereusement. Pendant longtemps, il pourra regarder les enfants en se demandant ce qu'ils

TAUREAU ET SES ASCENDANTS

sont et comment ils peuvent faire pour attendre d'être grands! Il aura bien du mal à les comprendre, il devra mûrir avant. Il sera attiré par l'astrologie, les voyants, mais n'en soufflera mot.

Il n'aimera pas qu'on lui dise toutes ses vérités. Ayant une haute estime de lui, il connaît ses forces et a horreur qu'on lui parle de ses faiblesses, aussi met-il plus de temps à s'en corriger! Le Soleil étant dans la cinquième maison, soit à la manière d'un Lion, quand il trouve une réponse à ses interrogations, il la fait sienne, et pour longtemps, parfois même dans l'erreur.

Sa douzième maison, dans le signe du Sagittaire, est aussi la huitième du Taureau. Ce natif peut alors fortement désirer l'exil, vouloir vivre à l'étranger, croyant que ça changera sa vie et qu'il pourra mieux réussir ailleurs... mais ce n'est pas si certain... Il pourra toujours faire un tour de reconnaissance et revenir ensuite. Il aura alors appris une chose: qu'il faut s'en tenir au connu et aux gens que l'on connaît! L'étranger peut lui apporter une épreuve, mais aussi participer à son développement personnel, élargir son horizon intérieur et lui donner une plus grande vision de l'humain. Cette position, encore une fois, indique qu'à l'âge de Jupiter le natif devient fort sage et qu'il pourra même conseiller ceux qui ne le sont pas encore devenus!

 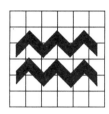

**TAUREAU
ASCENDANT
VERSEAU**

Un spécimen que celui-ci! Étrange animal! Il a les deux pieds sur terre et souhaite s'envoler si haut, si haut!

Mais l'attraction terrestre le retient, alors que justement il se disait qu'il devrait être un ange!

Il est passé maître dans l'art de se critiquer et aussi de critiquer les autres, le système, la politique, les banques, les syndicats, tout y passe. Les gens aussi: son oncle, son neveu, sa belle-mère, son beau-père! Ou alors le voilà qui se renferme sur lui-même et tout le monde se demande s'il n'est pas tombé malade? Mais il y a quelqu'un qui dit: laissez-le, il médite...

C'est vrai, il médite, il est retourné à l'ange!

Double signe fixe, il est passionné et constant, il voudrait que ça dure toujours. Lui, il peut le faire durer, mais il arrive que les circonstances de la vie le forcent à changer, à vivre autre chose. Son ascendant Verseau, régi par Uranus, est la planète des changements subits, de ceux qui n'avertissent pas!

Double signe fixe, il veut tout contrôler et, naturellement, ça ne fait pas l'affaire de tout le monde et il peut arriver qu'il man-

105

que de diplomatie pour commander, il veut que tout soit exécuté tout de suite.

Voilà quelqu'un qui vous dira quoi faire et ce qu'il pense de vous et de vos talents, mais si vous lui rendez la réciproque vous risquez, si vous êtes son employé, d'être congédié. Signe fixe, il ne vous rappellera pas!

C'est un signe de grande foi et c'est cette même foi qui le fait se relever des épreuves et s'élever! S'il s'est engagé dans une religion ou s'il défend un dogme qui frôle le fanatisme, il peut s'élever en chef, et ceux qui refusent de le suivre risquent un rejet de sa part et de son parti!

Sa deuxième maison, celle de l'argent, se trouve dans le signe du Poissons. Il peut gagner beaucoup d'argent, de deux sources en même temps, mais cela peut également signifier une épreuve si son thème natal l'indique. Il est aussi du genre, s'il devient riche, à donner généreusement aux gens dans le besoin, à souscrire aux oeuvres philanthropiques et à les encourager. Avec de mauvais aspects, l'argent file entre ses doigts et les ennemis s'en emparent! Avec de mauvais aspects de Vénus et de Neptune, certains peuvent se faire un peu filou, un peu menteur! L'inverse pourrait également se produire: on lui ment, on profite de lui. Dans le cas de ce Taureau-Verseau, il s'agit souvent d'un tout ou de rien, d'un négatif ou d'un positif, d'un négatif qui devient entièrement positif ou d'un positif qui se fait totalement négatif! Au sujet de choisir, mais surtout de s'équilibrer. Il lui a été donné une grande force à la naissance, pas vraiment la facilité, mais une résistance extraordinaire.

Sa troisième maison, dans le signe du Bélier, lui permet de se faire spontanément des amis. Sociable, il a l'esprit vif et la repartie facile, il aime blaguer. Il sait d'ailleurs fort bien camoufler ses problèmes et vous avez toujours l'impression qu'il est bien au-dessus de tout! D'une nature combative, il peut être sujet aux migraines, son cerveau fonctionnant à cent milles à l'heure avec des piles qui ne sont jamais à plat. Cerveau électrique, volcanique. Intensité constante. Il pourra vous faire la confidence qu'il aimerait bien arrêter de penser... mais si vous me dites que quelqu'un peut le faire, j'aimerais bien avoir son adresse!

Son Soleil, dans la quatrième maison, fait de ce Taureau, malgré les obstacles, un être quand même chanceux dans l'organisation générale de sa vie, la ténacité étant sa marque. Il aime la famille, bien qu'il soit plus présent à son oeuvre sociale ou à ses affaires, mais, il vous le dira, il fait tout ça pour les siens! Il sera fortement attiré par un travail gouvernemental où il pourra jouer un rôle important. Ce qu'il dira, quel que soit le milieu qu'il fréquente, aura du poids. Souvent issu d'un milieu qui a les moyens financiers de lui faire faire des études, on l'exhortera à aller de l'avant pour qu'il se fraie une route plus large que celle des autres sur le chemin de la vie. Il y réussira; double signe fixe, il ne démissionne pas, il est persuadé de son idéal et y déploie toutes ses forces et sa stratégie.

Il aime qu'on soit fier de lui et qu'on l'apprécie. Il aura du talent pour l'immobilier, l'achat et la vente de terrains. Il pourrait être timide dans sa jeunesse, mais plus le temps avance plus il s'extériorise avec vigueur, la pulsion l'emportant parfois sur la réflexion. Il faut dire qu'il possède cette qualité d'agir avec précision après une courte réflexion et que celle-ci, si le domaine auquel elle appartient a été perfectionné, sera d'une logique époustouflante autant pour le moment présent que pour les conséquences à long terme.

Sa cinquième maison, dans le signe du Gémeaux, lui fait parfois prendre des risques financiers, mais il est généralement chanceux et il vous dira que le risque valait le coup. Il aura un langage franc, vous pourrez le croire pompeux, du genre de celui ou de celle qui sait tout! En fait, vous aurez un complexe devant la précision et la logique de ce natif. Le sens de la spéculation et celui de la persuasion sont souvent innés, à moins de très mauvais aspects dans cette maison. La cinquième représente souvent l'or ou les arts de scènes. Le Gémeaux relevant de Mercure, les idées, voici donc quelqu'un qui fait de l'argent avec des idées originales. Il a le flair de ce qui rapporte, position qui se développe davantage avec l'âge.

Plus il approche de la quarantaine, plus il sait assurer sa position. Fortement attiré par la littérature, il s'instruira et s'inspirera des grands de ce monde. Il aspirera à devenir l'un d'eux et il pourrait y arriver avec son double signe fixe. Il poussera aussi ses enfants à en connaître davantage, il valorisera la culture, celle qui vous fait passer partout car ses enfants devront toujours bien paraître et lui faire honneur. Un danger: il pourrait se mettre à considérer sa progéniture comme sa propriété plutôt que comme des gens à aimer simplement tout en dirigeant avec délicatesse.

TAUREAU ET SES ASCENDANTS

Sa sixième maison, dans le signe du Cancer, est la maison du travail et de la santé. Ce natif pourra être attiré par la médecine, autant la médecine du corps que celle de l'âme. Il sera travailleur, mais il saura aussi se reposer et prendre congé pour refaire ses forces. Il devra prendre garde à sa nourriture, car il aura tendance à faire de l'embonpoint. Le plaisir lui fait signe et, comme double signe fixe, il pourrait aussi prendre les bouchées doubles. Il n'est pas rare non plus de constater que ce natif n'a que très peu de temps pour ceux qui partagent sa vie, trop occupé qu'il est à ses affaires personnelles, à sa vie en société. Il sera souvent absent des siens, du moins de corps... ce qui peut se refléter sur l'esprit de ceux qui tiennent à le voir plus souvent.

Sa septième maison se retrouve dans le signe du Lion, le mariage. Ce natif voudra un mariage d'amour, de passion, mais saura-t-il entretenir l'union? Il voudra croire que c'est l'autre qui doit alimenter son bonheur! Pensée égocentrique qui risque de mettre le ménage en péril. Mais, ce double signe fixe n'aime pas le divorce ou les séparations, et un beau jour, quand on lui annoncera qu'on ne peut vivre avec lui, avec ses absences, il pourra se décider à faire un effort d'attention envers l'autre. Il voudra croire que ce n'est pas de sa faute, que le partenaire est trop exigeant. En fait, il n'aura pas su s'attarder aux délices de la vie quotidienne... Il avait oublié qu'il faut renouveler les promesses d'amour et les échanges affectifs, mais il n'est jamais trop tard pour se reprendre et s'il le fait, double signe fixe, il le fait d'une manière doublement passionnée! Au grand bonheur de celui ou de celle qui partage sa vie.

Sa huitième maison est dans le signe de la Vierge. Les transformations sont réfléchies. Il ne laisse rien passer qui pourrait brusquer ses plans de travail, ses plans de vie professionnels, mais son mental agité peut, à un moment décrit dans sa carte du ciel, vouloir vivre autre chose de totalement différent de ce qu'il a vécu précédemment. Une phase de dépression intérieure provoque parfois un changement de carrière et le sujet trouve une toute nouvelle orientation décrite par les aspects planétaires, surtout sous l'influence de Pluton et de Mercure. Le résultat peut être positif ou négatif, le thème individuel le confirme. Cette position, avec de mauvais aspects, donne une fidélité douteuse...

Sa neuvième maison, celle des voyages, mais aussi de la philosophie, des religions, de la foi se trouve en Balance. Voilà que notre natif se met à tout raisonner, qu'il s'agisse de Dieu, d'un philosophe ou d'un prophète, il ne voudra pas se fier trop longtemps à ce qu'il pourrait considérer comme des élucubrations d'artistes! Il y sera attiré, mais sa prudence de Taureau et son raisonnement Verseau le garderont bien de se laisser guider par l'inspiration. Il voudra plutôt se fier à la logique, puis, un beau jour, sous l'influence d'Uranus et de Vénus, il commencera à s'épancher sur un monde moins terrestre, moins visible, par curiosité d'abord, par intérêt ensuite, puis par passion! Il n'est pas rare non plus que ce natif, s'il n'a pas réussi à échapper au divorce, vive une seconde union, laquelle sera plus heureuse que la première! Double signe fixe, il retient les leçons et ne refait jamais deux fois la même erreur.

Sa dixième maison, celle de la carrière, n'est pas donnée puisqu'elle se trouve dans le signe du Scorpion. Il n'est pas exempt des sauts périlleux, des risques. Il donne des grands coups! Il ne lâche pas, il est tenace. L'objectif doit être atteint et il mettra tout en oeuvre pour réussir. Il pourra rencontrer des obstacles. Il pourra aussi avoir des ennemis qui le trouvent trop d'avant-garde. Ses idées effraient, mais on finit par y consentir et il se révèle qu'il avait raison. Il peut penser à long terme, il a une pensée de masse, il est intuitif en ce qui concerne les intérêts de l'entreprise pour laquelle il travaille ou pour la sienne. Bon administrateur, il pourra être exigeant envers ceux qui le servent, mais il le sera tout autant pour lui. C'est un travailleur acharné qui sait qu'il doit «gagner son pain à la sueur de son front»! Et celle de son énergie mentale.

Sa onzième maison, dans le signe du Sagittaire, lui vaut mille et une connaissances et des amis reconnaissants, même quand il leur a dit quelques vérités plus ou moins agréables mais qui sont dans leur intérêt. Il est vif quand il est question de dire ce qu'il pense profondément. Il ne mâche pas ses mots, à moins que la maison planétaire ne soit sérieusement affectée par de mauvais aspects. Il aime fréquenter ceux qui ont du prestige, du pouvoir; il les attire sans même les chercher. Cette position provoque souvent des voyages originaux. Les pays exotiques attirent ce natif. Il en retire beaucoup de leçons et son esprit s'ouvre. Sa vision s'élargit et il devient plus tolérant envers autrui.

Sa douzième maison, dans le signe du Capricorne, lui fait souvent vivre une épreuve par le père quand il est jeune. Ce peut être un père trop autoritaire ou un père absent. Il peut lui ressembler fortement et se dire qu'il ne fera jamais comme lui. Un

TAUREAU ET SES ASCENDANTS

natif masculin peut mettre du temps avant de bien jouer son rôle de père auprès de ses enfants, il est trop sévère ou pas assez au bon moment, et il explose. Les femmes de ce signe peuvent vivre des difficultés de communications avec leur conjoint, ce qui se reflète sur la progéniture.

Plus le natif de ce signe vieillit, plus il devient sage, mais jamais il ne perdra son goût de l'aventure et de l'inédit. Il peut manifester ouvertement son originalité ou alors il ne la vit qu'avec ses intimes. Cette position peut affecter le système osseux, surtout avec de mauvais aspects et quand le natif a tendance à entretenir de vieilles rancunes pour une foule de choses dont souvent il n'est pas vraiment conscient. Si vous faites, par exemple, de l'arthrite, demandez-vous donc si vous n'avez pas retenu des fautes contre quelqu'un que vous respectez, mais qui vous fait peur et à qui vous n'osez vraiment pas dire tout ce que, au fond de vous-même, vous pensez de lui.

  **TAUREAU ASCENDANT POISSONS**

Voici un grand jouisseur! Taureau, régi par Vénus, plaisir de la chair; Poissons, régi par Neptune, planète des illusions, de l'infini, de la permissivité et, dans certains cas, de la morale élastique!

Ce Taureau est gentil, il veut toujours faire plaisir, il est conciliant, mais il ne s'oubliera pas quand même. Il vous donnera beaucoup, mais pas tout, et pas au point où lui devrait se priver, quand même!

Il doit s'entraîner à la volonté, les plaisirs l'attirent sans cesse; il y est même docile! Il se fait facilement des amis, mais il peut aussi les perdre rapidement car il lui arrive de faire des promesses qu'il ne tiendra pas, il a oublié! Ou il voulait vous faire plaisir, et il a fait une promesse qui est vraiment au-dessus de ses forces.

En amour, il oublie la prudence, il se laisse aller, il manifeste ses émotions sans aucune gêne, il fait des cadeaux de prix. Mais dès qu'il se sent en sécurité, il commence à manifester moins d'intérêt pour l'autre et à en prendre moins soin, à lui donner moins d'attention qu'au début... et tout d'un coup, on le quitte. En fait, il a voulu impressionner. Taureau, signe de terre, il a voulu,

TAUREAU ET SES ASCENDANTS

inconsciemment, acheter l'amour de l'autre! Le posséder sans s'en rendre compte! Pouvoir dire : «Je l'ai!»

Il est immanquablement attiré par les sciences paranormales, l'ésotérisme, mais il y a un côté chez lui qui peut se laisser impressionner par quelques faussetés. Il a bien intérêt avant de s'engager dans une étude sur l'astrologie ou le paranormal d'analyser celui ou celle avec qui il étudiera, de s'efforcer de le ressentir sans tenir compte de la connaissance que le professeur étale. Un de mes amis me dit souvent: «La culture c'est comme la confiture, moins les gens en ont, plus ils l'étalent.» Notre natif aura tendance à se laisser prendre par la garniture! Le Taureau est sujet à succomber à ce qui paraît bien.

Sa deuxième maison, celle de l'argent, dans le signe du Bélier, l'incite à vouloir gagner sa vie très jeune et dans l'indépendance. En fait, il rejettera l'autorité qui le nourrit. La position de Mars lui indique alors les moyens à prendre pour gagner son argent. Mars, planète de l'impulsion, de la poussée sexuelle, peut, en mauvais aspects, l'attirer vers un monde permissif où, charmes à l'appui, il saura tirer profit.

Dans sa jeunesse, l'honnêteté pourrait se laisser désirer. Le natif répond à ses désirs immédiats et il a du mal à voir les répercussions de ses actes à long terme. Comme le Bélier qui est dans cette position, à la fois sa deuxième et sa douzième maison, il peut arriver que le sujet soit tenté par le vol pour obtenir plus rapidement les objets qu'il convoite. Comme il est affamé d'amour, si dans sa jeunesse il ne reçoit pas l'attention nécessaire à son équilibre, le vol sera une solution de rechange: voler de l'amour! Position qui peut, en fin de compte, faire du natif une victime, surtout quand il engage son coeur sous l'effet d'une attraction sexuelle.

Son Soleil se trouve le plus souvent dans la troisième maison, celle qui représente le Gémeaux, donc Mercure. À l'adolescence, le natif peut être très agité et ne pas se sentir en sécurité. Il a une multitude d'idées, mais il n'arrive pas à savoir laquelle il devra exploiter pour vivre sans ennui. Révolte contre l'autorité parentale, révolte contre le système social. Le natif est souvent doué pour l'écriture, il aime la lecture et c'est par ce moyen qu'il réussit à comprendre ses propres comportements et qu'il développe son sens de l'analyse. Il n'est pas rare de rencontrer des autodidactes sous ce signe. Avec cette position du Soleil en troisième maison, le sujet est nerveux, il fait rarement de l'embonpoint et garde une allure juvénile, même dans un âge avancé. Bizarrement, le Taureau étant un signe d'emponboint, il n'est pas rare de constater que ce Taureau-Poissons passe du plus petit au plus gros par suite de chocs émotifs. Le vieillissement du corps est au ralenti, même dans le cas d'une alternance fréquente entre la pesanteur et la légèreté du poids!

Sa quatrième maison se trouve dans le signe du Gémeaux, quatrième dont le symbole représente le foyer. Une fois de plus, cela signifie un foyer instable, avec de nombreux déménagements dans l'enfance. Mère nerveuse ou qui a deux façons contradictoires de vivre et d'agir. Si la mère a plusieurs vérités, le natif a alors bien du mal à se faire une idée à lui car il emprunte l'une ou l'autre, selon l'humeur du moment.

Il n'est pas rare, sous ce signe, de trouver des gens qui quittent leur foyer, même si celui-ci exerce une puissante attraction sur eux. Le natif a toujours envie d'y revenir et, aussitôt qu'il y est, il a encore envie de partir. Le Taureau étant un signe fixe, cette volonté d'y être ou de le quitter le place dans des états dépressifs périodiques dont il ressort en s'inventant parfois des fables qu'il tente de mettre à exécution. Le Taureau étant le plus souvent un bon parent, avec cette position, quand il a des enfants, il peut devenir constamment inquiet de leur bien-être. Il veut faire plus que les enfants n'en demandent. Il doit surveiller cet aspect. Tout décider pour un enfant afin de le protéger, c'est lui enlever son sens de l'initiative. Que ce Taureau se souvienne à quel point il écoutait bien peu les recommandations qu'on lui faisait quand il était petit!

Sa cinquième maison, celle de l'amour, se trouve dans le Cancer, où la mère, encore une fois, exerce une forte pression sur le natif. Il a du mal à s'en séparer malgré son vif désir de ne pas dépendre d'elle, autant matériellement que psychiquement. Ce natif souhaite toujours que son propre foyer soit fait de calme, d'amour, mais plus souvent il arrive que le foyer en soit un qui bouleverse notre Taureau. Tout en le retenant, il reçoit le message de s'en aller. Que peut-il alors y comprendre, surtout durant sa jeunesse? Plus tard, adulte, il saura équilibrer. Revient encore ici l'idée que ce Taureau, quand il est père ou mère, devient extrêmement protecteur. Il doit se surveiller là-dessus pour éviter d'étouffer la créativité de son enfant. Les enfants ne vivent pas des conseils de parents, ils vivent par l'exemple, par l'imitation.

Sa sixième maison, celle de la maladie et du travail, se trouve dans le signe du Lion. Ce natif veut faire un travail qui rapporte tout de suite et beaucoup, c'est pourquoi il s'engage souvent très tôt sur le marché du travail. Il sera fortement attiré par les arts, mais l'artiste doit travailler et notre Taureau-Poissons voudrait, lui, que tout se fasse aisément et sans trop d'efforts! Ce qui arrive rarement. Ce qui rend ce Taureau malade le plus souvent c'est l'amour! Mal aimé, pas assez! Il peut se mettre à manger par compensation sentimentale ou jeûner! Autre manière d'attirer l'attention sur lui. L'un de ses enfants peut avoir des problèmes dépressifs tout en étant d'une intelligence parfois au-dessus de la moyenne, s'il est surprotégé. Notre Taureau devra s'équilibrer sérieusement afin de permettre à sa progéniture de pousser droit vers le bonheur. Le système nerveux peut être fragile, surtout lorsque des problèmes sentimentaux le perturbent.

Sa septième maison, dans le signe de la Vierge, est la maison des unions. Il arrive assez souvent que le natif attire à lui des partenaires bizarres. Il est rare qu'il n'y ait qu'une seule union sous ce signe, à moins de très bons aspects de Vénus, du Soleil et aussi de Mercure, puisque cette septième maison se retrouve dans la Vierge qui est régie par Mercure.

Ce Taureau-Poissons étant très émotif, il peut, sans s'en rendre compte, rechercher un partenaire extrêmement logique afin de trouver un complément, mais la logique sans émotions est alors en déséquilibre... et le natif Taureau-Poissons peut se sentir malheureux ne pas recevoir l'attention chaleureuse dont il a besoin pour être heureux. La logique du partenaire peut être une logique froide, du genre qui «fait son affaire à lui»! Le natif se choisit le plus souvent un partenaire qui travaille beaucoup et qui, finalement, ne lui consacre que peu de temps. Position qui indique que le natif peut avoir pour partenaire, dans certains cas, une personne qui a de gros problèmes psychologiques.

Sa huitième maison, celle des transformations, se retrouve dans le signe de la Balance, symbole des unions, et aussi la sixième maison du Taureau. Ce Taureau pourrait se retrouver, dans certains cas, à travailler pour le conjoint, comme il pourrait aussi être dans la situation du seul pourvoyeur de sa famille, ou être celui ou celle qui assume l'entière responsabilité de l'entreprise en question. Souvent le conjoint de ce natif provoque une importante transformation dans la vie de ce dernier, en bien ou en mal, selon les aspects de la huitième maison, mais il est certain qu'au contact d'un partenaire amoureux ce natif verra sa vie se transformer au point qu'il pourrait se demander s'il a vraiment été ce qu'il croyait être! Il arrive aussi que ce natif attende de son partenaire une protection financière, mais, surprise, ce n'est pas tout à fait ce qu'il avait prévu et voilà que notre Taureau-Poissons se retrouve dans une situation de victime, l'ascendant Poissons lui faisant souvent vivre cette épreuve. C'est lui qui devient alors le soutien de l'autre. Parfois, cette huitième maison, dans le signe de la Balance, attire au Taureau-Poissons un partenaire violent. Avant de s'engager envers un partenaire amoureux, ce natif a tout intérêt à faire le tour de la question plusieurs fois! Le Taureau a la fâcheuse habitude de se fier aux apparences d'abord, malgré ce qu'il ressent. En fait, il confond le véritable amour avec l'attrait sexuel. Le premier dure, mais le second, sans l'amour profond, risque de s'effriter avec le temps.

Sa neuvième maison, dans le signe du Scorpion, crée un profond intérêt pour la psychologie, la psychanalyse. Il peut arriver aussi que ce natif un jour suive une thérapie qui transformera positivement sa vie. Les voyages peuvent le mettre en danger. S'il prend des risques à l'étranger, cela peut avoir des conséquences graves sur sa vie. Le Taureau-Poissons est souvent attiré par les étrangers, surtout pour une deuxième union. Il faudra alors qu'il y ait de bons aspects avec cette neuvième maison pour que le mariage tienne!

Cette neuvième maison, en Scorpion, crée également une forte attirance pour les sciences paranormales; le sujet est porté à voir des médiums, des voyants, des astrologues. Il voudra se faire rassurer sur son avenir. Il est extrêmement perceptif, mais il a du mal à écouter ce qu'il ressent, trop porté qu'il est à s'intéresser à ce que les autres pensent de lui. Il veut se faire aimer et il arrive qu'il tombe sur une personne qui ne mérite pas sa générosité. Le Taureau régi par Vénus porte en lui un côté naïf, fleur bleue, quand il s'agit d'amour. L'amour n'est pas uniquement une palpitation du coeur, il est à la fois le coeur, l'esprit, l'âme, le corps, bien sûr! Le véritable amour réunit tout cela, sinon il y manque une dimension. Et notre Taureau se laisse prendre aux sens!

TAUREAU ET SES ASCENDANTS

Sa dixième maison, dans le signe du Sagittaire, crée beaucoup d'hésitations dans le choix d'une carrière. Comme je l'ai dit plus haut, le natif veut de l'argent, et vite. Si ce Taureau se retrouve dans le monde de la psychologie, de l'analyse, il pourra se sentir à l'aise et évoluer sans ennuis. Il peut aussi réussir sa vie sociale en investissant l'argent qu'il fait. Doué pour les placements, il peut avoir ce sixième sens qui lui fait découvrir ce qui va rapporter dans peu de temps. Il peut aussi être très attiré par la médecine, mais, avec de mauvais aspects, il peut arriver qu'il soit plutôt le patient. Ce natif est ambitieux beaucoup plus qu'il ne paraît, mais il met longtemps avant de trouver sa voie véritable.

Sa onzième maison, dans le signe du Capricorne, lui fait rechercher la présence d'amis plus âgés qui peuvent avoir sur lui une influence positive ou négative, selon les aspects de Saturne et d'Uranus. Au fond, il y a chez lui une recherche du pouvoir, il aimerait diriger et dominer les situations et la vie des gens. Il y parviendra peut-être dans différents domaines, et aussi par l'argent, seulement on ne peut acheter personne, du moins pas pour longtemps. Avec le temps, rendu à l'âge de la sagesse ce Taureau manifeste plus de tolérance et est capable de voir que la différence entre les gens n'empêche pas l'entente. Le respect de soi porte aussi au respect d'autrui. Non pas un respect poli, protocolaire, mais un profond respect de la vie et de la manière de vivre de chacun.

Sa douzième maison, dans le signe du Verseau, maison de l'épreuve, est signée par Uranus et Neptune. Cette position natale peut parfois provoquer des baisses de vitalité et en même temps une profonde dépression. Le natif peut aussi vivre cette position natale en apportant de lui-même à autrui. Avec de bons aspects de Neptune et d'Uranus, il aura un talent de guérisseur, soit par une médecine traditionnelle soit par la médecine douce.

Cette position souligne aussi une certaine difficulté à maintenir les unions, le divorce étant l'attribut d'Uranus ou du Verseau. Aussi le divorce ou la mésentente font-ils souvent partie de l'évolution du sujet. Rien n'arrive par hasard, et nous avons tous une leçon à apprendre... vieilles rancunes que l'on traîne sur la roue karmique, apprendre à pardonner à soi-même et à autrui. Un jour ou l'autre, nous devons tous passer l'éponge, faire place nette pour trouver la paix, le bonheur, l'amour et la prospérité matérielle. Notre Taureau-Poissons pourrait vivre deux vies dans une, la première dans une sorte d'intolérance face à lui-même et à autrui, car il demande trop, à lui comme aux autres. Puis le Poissons lui enseigne la tolérance envers tout le monde et notre Taureau-Poissons arrive ainsi à sympathiser avec tout un univers.

LE CALCUL DE L'ASCENDANT

Voici une méthode très simple qui permet de calculer son ascendant.

1. Il faut connaître son heure de naissance.

2. Si on est né à une date où l'heure d'été était en vigueur, il faut soustraire une heure à son heure de naissance. (Voir au tableau des heures d'été.)

3. On cherche sur le tableau des heures sidérales le temps sidéral du jour de sa naissance. Si notre date de naissance n'y est pas indiquée, il faut choisir la date précédente la plus rapprochée et ajouter quatre minutes par jour qui sépare cette date de notre jour de naissance. Disons, par exemple, que vous êtes né le 14 avril. Le tableau donne le temps sidéral pour le 10 avril, soit 13:10. Comme quatre jours séparent le 10 avril du 14 avril, il faut ajouter quatre fois quatre minutes, soit 16 minutes. On obtient donc un temps sidéral du jour de votre naissance si vous êtes né un 14 avril. N'oubliez pas que si le total des minutes dépasse 60, il faut soustraire 60 de ce total et ajouter une heure. Par exemple 06:54 plus 12 minutes. On obtient 06:66, ce qui donne en fait 07:06.

4. On ajoute à l'heure de la naissance le temps sidéral du jour de la naissance qu'on a trouvé au tableau des heures sidérales. C'est l'heure sidérale de la naissance. Si on obtient ici un total qui dépasse 24 heures, il faut soustraire 24 heures du total obtenu. Par exemple, si on obtient 32:18 on soustrait 24 heures de 32:18. Ce qui nous donne 08:18. C'est l'heure sidérale de la naissance.

5. On cherche ensuite au tableau des ascendants le signe qui correspond au temps sidéral de la naissance que vous avez trouvé à l'opération précédente. Ce signe est votre ascendant.

TAUREAU

TABLEAU DES HEURES SIDÉRALES

Bélier

22 mars	11:54	1 avril	12:34	15 avril	13:29
26 mars	12:10	5 avril	12:50	20 avril	13:49
31 mars	12:30	10 avril	13:10		

Taureau

21 avril	13:53	1 mai	14:33	15 mai	15:28
25 avril	14:09	5 mai	14:48	21 mai	15:51
30 avril	14:29	10 mai	15:08		

Gémeaux

22 mai	15:55	1 juin	16:35	15 juin	17:30
26 mai	16:07	5 juin	16:51	21 juin	17:54
31 mai	16:31	10 juin	17:10		

Cancer

22 juin	17:58	1 juillet	18:33	15 juillet	19:28
26 juin	18:13	5 juillet	18:49	19 juillet	19:44
30 juin	18:29	10 juillet	19:09	22 juillet	19:56

Lion

23 juillet	20:00	1 août	20:35	16 août	21:34
27 juillet	20:16	5 août	20:51	22 août	21:58
31 juillet	20:31	10 août	21:11		

Vierge

23 août	22:02	1 sept.	22:37	15 sept.	23:33
28 août	22:22	5 sept.	22:53	21 sept.	23:56
31 août	22:34	10 sept.	23:13		

Balance

22 sept.	00:00	1 oct.	00:36	15 oct.	01:31
26 sept.	00:16	5 oct.	00:52	20 oct.	01:51
30 sept.	00:32	10 oct.	01:11	23 oct.	02:03

Scorpion

24 oct.	02:06	1 nov.	02:38	16 nov.	03:37
28 oct.	02:22	5 nov.	02:54	22 nov.	04:01
31 oct.	02:34	10 nov.	03:13		

Sagittaire

23 nov.	04:05	1 déc.	04:36	16 déc.	05:35
27 nov.	04:20	5 déc.	04:52	21 déc.	05:55
30 nov.	04:32	10 déc.	05:12		

Capricorne

22 déc.	05:59	1 janv.	06:39	15 janv.	07:34
26 déc.	06:15	5 janv.	06:54	20 janv.	07:53
31 déc.	06:35	10 janv.	07:14		

Verseau

21 janv.	07:57	1 fév.	08:41	15 fév.	09:36
26 janv.	08:17	5 fév.	08:56	19 fév.	09:52
31 janv.	08:37	10 fév.	09:16		

Poissons

20 fév.	09:56	1 mars	10:31	16 mars	11:30
24 fév.	10:11	5 mars	10:47	21 mars	11:50
28 fév.	10:27	10 mars	11:07		

TABLEAU DES ASCENDANTS

L'ascendant est dans le BÉLIER entre 18:00 et 19:04.
L'ascendant est dans le TAUREAU entre 19:05 et 20:24.
L'ascendant est dans le GÉMEAUX entre 20:25 et 22:16.
L'ascendant est dans le CANCER entre 22:17 et 00:40.
L'ascendant est dans le LION entre 00:41 et 03:20.
L'ascendant est dans la VIERGE entre 03:21 et 05:59.
L'ascendant est dans la BALANCE entre 06:00 et 08:38.
L'ascendant est dans le SCORPION entre 08:39 et 11:16.
L'ascendant est dans le SAGITTAIRE entre 11:17 et 13:42.
L'ascendant est dans le CAPRICORNE entre 13:43 et 15:33.
L'ascendant est dans le VERSEAU entre 15:34 et 16:55.
L'ascendant est dans le POISSONS entre 16:56 et 17:59.

TAUREAU

TABLEAU DE L'HEURE D'ÉTÉ

Au Québec, l'heure avancée, ou heure d'été, a été en vigueur entre les dates suivantes.

1920 du 2 mai au 3 octobre.
1921 du 1er mai au 2 octobre.
1922 du 30 avril au 1er octobre.
1923 du 13 mai au 30 septembre.
1924 du 27 avril au 28 septembre.
1925 du 26 avril au 27 septembre.
1926 du 25 avril au 26 septembre.
1927 du 24 avril au 25 septembre.
1928 du 29 avril au 30 septembre.
1929 du 28 avril au 29 septembre.
1930 du 27 avril au 28 septembre.
1931 du 26 avril au 27 septembre.
1932 du 24 avril au 25 septembre.
1933 du 30 avril au 24 septembre.
1934 du 29 avril au 30 septembre.
1935 du 28 avril au 29 septembre.
1936 du 26 avril au 27 octobre.
1937 du 25 avril au 26 septembre.
1938 du 24 avril au 25 septembre.
1939 du 30 avril au 24 septembre.
1940 du 28 avril
       puis tout le reste de l'année.
1941 toute l'année.
1942 toute l'année.
1943 toute l'année.
1944 toute l'année.
1945 jusqu'au 30 septembre.
1946 du 28 avril au 29 septembre.
1947 du 27 avril au 28 septembre.
1948 du 25 avril au 26 septembre.
1949 du 24 avril au 25 septembre.
1950 du 30 avril au 24 septembre.
1951 du 29 avril au 30 septembre.
1952 du 27 avril au 28 septembre.
1953 du 26 avril au 27 septembre.
1954 du 25 avril au 26 septembre.

1955 du 24 avril au 25 septembre.
1956 du 29 avril au 30 septembre.
1957 du 28 avril au 27 octobre.
1958 du 27 avril au 26 octobre.
1959 du 26 avril au 25 octobre.
1960 du 24 avril au 30 octobre.
1961 du 30 avril au 29 octobre.
1962 du 29 avril au 28 octobre.
1963 du 28 avril au 27 octobre.
1964 du 26 avril au 25 octobre.
1965 du 25 avril au 31 octobre.
1966 du 24 avril au 30 octobre.
1967 du 30 avril au 29 octobre.
1968 du 28 avril au 27 octobre.
1969 du 27 avril au 26 octobre.
1970 du 26 avril au 25 octobre.
1971 du 25 avril au 31 octobre.
1972 du 30 avril au 29 octobre.
1973 du 29 avril au 28 octobre.
1974 du 28 avril au 27 octobre.
1975 du 27 avril au 26 octobre.
1976 du 25 avril au 31 octobre.
1977 du 24 avril au 30 octobre.
1978 du 30 avril au 29 octobre.
1979 du 29 avril au 28 octobre.
1980 du 27 avril au 26 octobre.
1981 du 26 avril au 25 octobre.
1982 du 25 avril au 31 octobre.
1983 du 24 avril au 30 octobre.
1984 du 29 avril au 28 octobre.
1985 du 28 avril au 27 octobre.
1986 du 27 avril au 26 octobre.
1987 du 26 avril au 25 octobre.
1988 du 3 avril au 30 octobre.
1989 du 2 avril au 29 octobre.

Nous vivons dans un monde électromagnétique et la Lune peut devenir meurtrière pour les individus qui n'ont pas un bon équilibre psychique. L'influence de la Lune aboutit souvent à des tensions sociales, à des événements malheureux ou bizarres. Notre société a bien du mal à accepter l'aspect intuitif de la nature humaine.

On tient cas du rationnel dans un monde où seul un comportement raisonnable est accepté. Les vagues de désespoir dans notre société deviennent plus évidentes vues sous la lumière de la Lune. Il a été constaté par différents astrologues que le mouvement de la Lune, une pleine Lune ou une nouvelle Lune, accentue les tensions internes, et mène parfois à poser un acte contre la vie, la sienne ou celle d'autrui, ou à se laisser aller à des crises d'angoisse ou à toutes sortes de manifestations destructrices.

Le sachant, l'individu peut alors se contrôler, et ne point se laisser aller à la dépression s'il en a la tendance. Une certaine vigilance face au mouvement de la Lune et des planètes peut nous enseigner un emploi du temps approprié à nos besoins et nous permettre de vivre en harmonie avec les forces environnantes.

«Les astres inclinent mais ne déterminent pas.»

Les vrais astrologues ont adopté cet adage depuis plusieurs siècles. L'homme vient au monde avec certaines tendances négatives qu'il peut corriger et des forces qu'il peut développer. Voilà à quoi sert l'astrologie.

TAUREAU

NOUVELLE LUNE 1988

19 JANVIER	15 MAI	11 SEPTEMBRE
17 FÉVRIER	14 JUIN	10 OCTOBRE
18 MARS	13 JUILLET	9 NOVEMBRE
16 AVRIL	12 AOÛT	9 DÉCEMBRE

PLEINE LUNE 1988

4 JANVIER	31 MAI	25 OCTOBRE
2 FÉVRIER	29 JUIN	23 NOVEMBRE
3 MARS	29 JUILLET	23 DÉCEMBRE
2 AVRIL	27 AOÛT	
1 MAI	25 SEPTEMBRE	

NOUVELLE LUNE 1989

7 JANVIER	3 JUIN	29 OCTOBRE
6 FÉVRIER	3 JUILLET	28 NOVEMBRE
7 MARS	1 AOÛT	28 DÉCEMBRE
6 AVRIL	31 AOÛT	
5 MAI	29 SEPTEMBRE	

PLEINE LUNE 1989

30 JANVIER	28 MAI	22 SEPTEMBRE
28 FÉVRIER	26 JUIN	21 OCTOBRE
30 MARS	25 JUILLET	20 NOVEMBRE
28 AVRIL	23 AOÛT	19 DÉCEMBRE

NOUVELLE LUNE 1990

26 JANVIER	24 MAI	19 SEPTEMBRE
25 FÉVRIER	22 JUIN	18 OCTOBRE
26 MARS	22 JUILLET	17 NOVEMBRE
25 AVRIL	20 AOÛT	17 DÉCEMBRE

PLEINE LUNE 1990

11 JANVIER	8 JUIN	2 NOVEMBRE
9 FÉVRIER	8 JUILLET	2 DÉCEMBRE
11 MARS	6 AOÛT	31 DÉCEMBRE
10 AVRIL	5 SEPTEMBRE	
9 MAI	4 OCTOBRE	

NOUVELLE LUNE 1991

15 JANVIER	14 MAI	8 SEPTEMBRE
14 FÉVRIER	12 JUIN	7 OCTOBRE
16 MARS	11 JUILLET	6 NOVEMBRE
14 AVRIL	10 AOÛT	6 DÉCEMBRE

PLEINE LUNE 1991

30 JANVIER	28 MAI	23 SEPTEMBRE
28 FÉVRIER	27 JUIN	23 OCTOBRE
30 MARS	26 JUILLET	21 NOVEMBRE
28 AVRIL	25 AOÛT	21 DÉCEMBRE

NOUVELLE LUNE 1992

4 JANVIER	1 JUIN	25 OCTOBRE
3 FÉVRIER	30 JUIN	24 NOVEMBRE
4 MARS	29 JUILLET	24 DÉCEMBRE
3 AVRIL	28 AOÛT	
2 MAI	26 SEPTEMBRE	

PLEINE LUNE 1992

19 JANVIER	16 MAI	12 SEPTEMBRE
18 FÉVRIER	15 JUIN	11 OCTOBRE
18 MARS	14 JUILLET	10 NOVEMBRE
17 AVRIL	13 AOÛT	9 DÉCEMBRE

NOUVELLE LUNE 1993

22 JANVIER	21 MAI	16 SEPTEMBRE
21 FÉVRIER	20 JUIN	15 OCTOBRE
23 MARS	19 JUILLET	13 NOVEMBRE
21 AVRIL	17 AOÛT	13 DÉCEMBRE

PLEINE LUNE 1993

8 JANVIER	4 JUIN	30 OCTOBRE
6 FÉVRIER	3 JUILLET	29 NOVEMBRE
8 MARS	2 AOÛT	28 DÉCEMBRE
6 AVRIL	1 SEPTEMBRE	
6 MAI	30 SEPTEMBRE	

NOUVELLE LUNE 1994

11 JANVIER	10 MAI	5 SEPTEMBRE
10 FÉVRIER	9 JUIN	5 OCTOBRE
12 MARS	8 JUILLET	3 NOVEMBRE
11 AVRIL	7 AOÛT	1 DÉCEMBRE

PLEINE LUNE 1994

27 JANVIER	25 MAI	19 SEPTEMBRE
26 FÉVRIER	23 JUIN	19 OCTOBRE
27 MARS	22 JUILLET	18 NOVEMBRE
25 AVRIL	21 AOÛT	18 DÉCEMBRE

TAUREAU

NOUVELLE LUNE 1995

1 JANVIER	29 MAI	24 OCTOBRE
30 JANVIER	28 JUIN	22 NOVEMBRE
1 MARS	27 JUILLET	22 DÉCEMBRE
31 MARS	26 AOÛT	
29 AVRIL	24 SEPTEMBRE	

PLEINE LUNE 1995

16 JANVIER	14 MAI	9 SEPTEMBRE
15 FÉVRIER	13 JUIN	8 OCTOBRE
17 MARS	12 JUILLET	7 NOVEMBRE
15 AVRIL	10 AOÛT	7 DÉCEMBRE

NOUVELLE LUNE 1996

20 JANVIER	17 MAI	12 SEPTEMBRE
18 FÉVRIER	16 JUIN	12 OCTOBRE
19 MARS	15 JUILLET	11 NOVEMBRE
17 AVRIL	14 AOÛT	10 DÉCEMBRE

PLEINE LUNE 1996

5 JANVIER	1 JUIN	26 OCTOBRE
4 FÉVRIER	1 JUILLET	25 NOVEMBRE
5 MARS	30 JUILLET	24 DÉCEMBRE
4 AVRIL	28 AOÛT	
3 MAI	27 SEPTEMBRE	

NOUVELLE LUNE 1997

9 JANVIER	5 JUIN	31 OCTOBRE
7 FÉVRIER	4 JUILLET	30 NOVEMBRE
9 MARS	3 AOÛT	29 DÉCEMBRE
7 AVRIL	1 SEPTEMBRE	
6 MAI	1 OCTOBRE	

PLEINE LUNE 1997

23 JANVIER	22 MAI	16 SEPTEMBRE
22 FÉVRIER	20 JUIN	14 NOVEMBRE
24 MARS	20 JUILLET	14 DÉCEMBRE
22 AVRIL	18 AOÛT	

NOUVELLE LUNE 1998

28 JANVIER	25 MAI	20 SEPTEMBRE
26 FÉVRIER	24 JUIN	20 OCTOBRE
28 MARS	23 JUILLET	19 NOVEMBRE
26 AVRIL	22 AOÛT	18 DÉCEMBRE

PLEINE LUNE 1998

12 JANVIER	11 MAI	6 SEPTEMBRE
11 FÉVRIER	10 JUIN	5 OCTOBRE
13 MARS	9 JUILLET	4 NOVEMBRE
11 AVRIL	8 AOÛT	3 DÉCEMBRE

IMPRIMERIE
L'ÉCLAIREUR
BEAUCEVILLE

14392